W0359999

Persönlichkeitsentwicklung mit Analysetools

Dr. Ronald Franke

Ronald Franke ist promovierter Wirtschaftspsychologe, zertifizierter (Lehr-)Coach und Hochschuldidakt. Als Berater und Trainer war er u.a. für Unternehmen aus den Bereichen Automotive, Pharma, Maschinenbau und Handel tätig. Sein Wissen gibt er außerdem als Dozent an zahlreichen Hochschulen weiter (u.a. Leuphana Universität Lüneburg, FOM Hamburg, Universität Hamburg).

Prof. Dr. Martin Puppatz

Martin Puppatz promovierte in Wirtschaftspsychologie an der Leuphana Universität Lüneburg und war mehr als 7 Jahre für zwei der weltgrößten Unternehmensberatungen im HR-Consulting tätig. Herr Puppatz ist Professor für Wirtschaftspsychologie (FOM) und regelmäßiger Redner auf renommierten internationalen Fachkonferenzen.

Ronald Franke, Martin Puppatz

Persönlichkeitsentwicklung mit Analysetools

Das Prinzip ‚Toolbasiertes personalisiertes Lernen' in Coaching, Training und Beratung

Einführung, Grundlagenwissen und Anwendungskompetenz

ISBN 978-3-00-057987-5

2. Auflage 2018

Druck und Bindung bei: Copy House, Salzstraße 1, 21335 Lüneburg, Deutschland

Bildquellen: Cover: shutterstock_409047889.jpg
Rückseite: Fotolia_127711072_M.jpg - Portrait of pretty african american business woman; shutterstock_446643151.jpg.

Inhalt

Kapitel 2 – Allgemeine Persönlichkeitsentwicklung mit TpL

Kapitel 3 – Persönlichkeitsentwicklung im internationalen Kontext

Teil 2: Die Bausteine des TpL

Kapitel 4 – Baustein 1

Kapitel 5 – Baustein 2

Kapitel 6 – Baustein 3

Kapitel 7 – Baustein 4

Teil 3: Anwendungskompetenz aufbauen

Kapitel 8 – Entwicklungsgespräche führen

Vorwort

Wir möchten Ihnen mit diesem Buch eine Einführung und einen Überblick in das Konzept des ‚Toolbasierten personalisierten Lernens' (kurz: TpL) geben, Ihnen die psychologischen Grundlagen dieses Ansatzes, die wichtigsten Modelle und Grunddimensionen von Persönlichkeit sowie die konkrete Umsetzung des Ansatzes in Form von Analysetools und Entwicklungsgesprächen näherbringen.

Wir hoffen, Ihnen damit einige interessante Einblicke in diese moderne und fundierte Form der Persönlichkeitsentwicklung geben zu können und wünschen viel Spaß bei der Lektüre sowie viel Erfolg beim Einsatz der Methoden!

Dr. Ronald Franke

Prof. Dr. Martin Puppatz

Einführung.
Was ist ‚Toolbasiertes' psychologisches Coaching und Training?

Toolbasiertes personalisiertes Lernen (TpL) wird unserer Ansicht nach in Zukunft ein zentrales Element einer modernen, analyseorientierten Persönlichkeitsentwicklung sein.

TpL greift mehrere Konzepte zeitgemäßer Bildungsarbeit auf und kombiniert sie zu einem modernen, fundierten und nachhaltig wirkungsvollen Ansatz der Persönlichkeitsanalyse und -entwicklung. Grundlage der Trainings oder Coachings, in denen Lernen und Entwicklung stattfinden, sind nach aktuellem psychologischen Kenntnisstand entworfene Analysetools, die eine effiziente und doch treffsichere Analyse verschiedener Persönlichkeitsbereiche ermöglichen.

Integraler Bestandteil der Tools sind neben den Erhebungsinstrumenten (digitale Fragesets) auch aussagekräftige Ergebnisreports, in denen alle Analyse-ergebnisse anhand von Texten, Grafiken, Scores und Diagrammen so aufbereitet werden, dass der Klient einen bestmöglichen Überblick über alle relevanten Bereiche seiner Persönlichkeit und den entsprechenden Ausprägungen erhält.

Die Komplexität der Persönlichkeit wird hierbei heruntergebrochen und für den Laien verständlich dargestellt. Erst dadurch werden echte Erkenntnisse gewonnen und somit Lernen als auch Veränderung in den weiteren Schritten möglich. Gleichzeitig sollen Übersimplifizierungen, wie das Einteilen aller Menschen in vier Farbkategorien, vermieden werden. Solche Modelle sprechen psychologische Laien zwar an, basieren aber – ähnlich Horoskopen – nur auf spekulativen, empirisch nicht haltbaren Modellen. Für eine vertiefende Analyse und Entwicklung von Persönlichkeit sind sie unbrauchbar.

Hierfür werden beim psychologisch fundierten toolbasierten Lernen zunächst diejenigen Persönlichkeitsfacetten identifiziert, bei denen der Klient eine Entwicklung anstrebt. Dann werden für diese Persönlichkeitsbereiche individuelle Lern- bzw. Entwicklungsziele definiert. Anschließend werden dann konkrete, umsetzbare Maßnahmen erarbeitet, mit denen die angestrebten Entwicklungsziele erreicht werden können. Das Analysetool bildet mit den dargestellten Daten, Informationen und Auswertungen die Basis dieser Prozesse, vereinfacht die Identifikation konkreter Entwicklungsbereiche und gibt Hinweise zu möglichen Entwicklungsmaßnahmen.

In Zusammenarbeit mit geschulten Trainern und Coaches kann der Klient auf dieser Basis ein für sich optimales Ergebnis erzielen und echte Lern- bzw. Entwicklungsprozesse anstoßen.

Bevor wir tiefer in die Grundlagen und Inhalte des TpL einsteigen, möchten wir Ihnen anhand einiger häufig gestellter und grundlegender Fragen den Einstieg in das Thema TpL noch ein wenig leichter machen.

Wie sieht der schematische Ablauf eines toolbasierten Entwicklungsprozesses aus?

Es handelt sich um einen zweistufigen Prozess:

Stufe 1: Analyse der Persönlichkeit – Bestandsaufnahme des Status Quo (nur Klient)

Schritt 1: Der Klient bearbeitet das Tool

Schritt 2: Der Ergebnisreport wird angefertigt und dem Klient zur Verfügung gestellt

Schritt 3: Der Klient liest den Ergebnisreport intensiv durch

Schritt 4: Durch den Report versteht der Klient besser was genau Persönlichkeit ist und welchen Einfluss seine individuelle Persönlichkeitsstruktur auf sein Verhalten und seinen Erfolg hat

Stufe 2: Entwicklung der Persönlichkeit (Klient und Trainer/Coach)

Schritt 1: Identifikation der zu entwickelnden Persönlichkeitsbereiche

Schritt 2: Individuelle Zieldefinition für die einzelnen Bereiche

Schritt 3: Definition konkreter Maßnahmen, um individuelle Entwicklung in den definierten Bereichen anzustoßen

Welche Voraussetzungen/Anforderungen gibt es für die Durchführung von TpL-Entwicklungsprozessen?

- Valide aber gleichzeitig praxisnahe Analysetools
- Aussagekräftige Ergebnisreports

- Qualifizierte Trainer/Coaches, die den Umgang mit den Tools und das TPL-Konzept verinnerlicht haben
- Klienten mit einer grundlegenden Offenheit und Interesse gegenüber psychologischen Analysen und Gesprächen

Was sind die Vorteile des TPL-Konzepts gegenüber klassischem Training und Coaching?

- Individuelle Rückmeldung psychologisch fundierter Informationen an den Klienten als Basis für die Entwicklung
- Effizienter und damit kostensparender Ansatz durch die digitale Umsetzung des Tools
- Personalisiertes Lernen wird auch in größeren Gruppen möglich
- Einfacher Einstieg für Coaches und Trainer in hochwertige Weiterbildung durch vorgegebene Daten in hoher Qualität
- Die genutzten Modelle zur Persönlichkeitsanalyse repräsentieren den derzeitigen Kenntnisstand der wissenschaftlichen Psychologie, statt ‚publikumswirksame' Konzepte ohne wissenschaftliche Qualität zu nutzen. Aufgrund des aussagekräftigen Reports werden die ursprünglich komplexen Modelle verständlich und die Ergebnisse für den Klienten anschaulich

Teil 1 – Theoretischer Hintergrund und Fundierung

Die Entwicklung wirkungsvoller Instrumente und Methoden, die es dem Coach/Trainer möglichst leicht machen professionelle Weiterbildung auf Top-Niveau anzubieten und dem Klienten echte Entwicklung statt netter ‚Aha-Erlebnisse' ermöglichen muss das Ziel moderner Personalentwicklung sein und ist der Ausgangspunkt des Ansatzes, den wir Ihnen im Folgenden erläutern möchten. Wir beginnen dabei recht weit vorne und führen Sie zunächst in die psychologischen Grundlagen ein, die für den vorgestellten Ansatz genutzt wurden. Es handelt sich dabei ausnahmslos um den Stand des Wissens in der internationalen psychologischen Wissenschaftsgemeinde.

Es ist unser erklärtes Ziel, eben nicht dem traditionellen Schema der populärsten Weiterbildungsinstrumente zu folgen, die dem Klienten augenscheinlich verständliche Instrumente präsentieren, die zwar durchaus interessante Ergebnisse produzieren und von den meisten Klienten gut angenommen werden, aber einer genaueren Überprüfung ihrer Grundlagen nicht Stand halten. Solche Instrumente haben keinen echten Aussagewert, sondern können lediglich als Anstoß für Reflexionen über die behandelten psychologischen Themen dienen. Dies ist sicher auch ein Nutzen. Allerdings könnte man für diese Art von Nutzen auch Horoskope verwenden.

Der Grund, warum psychologische Modelle wie das Big Five Persönlichkeitsmodell, dessen analytische Messgenauigkeit (Reliabilität) und Vorhersagefähigkeit (Validität) in tausenden von Studien belegt wurden und von keinem seriösen

Psychologen mehr angezweifelt werden, nicht schon längst den Standard psychologisch orientierter Weiterbildung darstellen, erscheint zunächst unklar. Zweifellos ist jedoch, dass die ‚Übersetzung' der Modelle im Sinne einer Komplexitätsreduzierung von der Wissenschaft zum psychologisch ungeschulten Klienten bisher nicht zufriedenstellend gelungen ist.

Wir möchten Ihnen im Folgenden einen Ansatz präsentieren, der hoffentlich dafür sorgt, dass genau die Modelle und Instrumente in Zukunft zum Standard psychologischer Weiterbildung werden, die dieses ‚Label' auch verdient haben. Denn wenn Psychologie auf einem Ansatz ‚drauf steht', dann sollte auch das Beste was die Psychologie an Erkenntnissen zu bieten hat darin enthalten sein!

Kapitel 1

Personalisiertes Lernen in Trainings, Coachings und Beratung

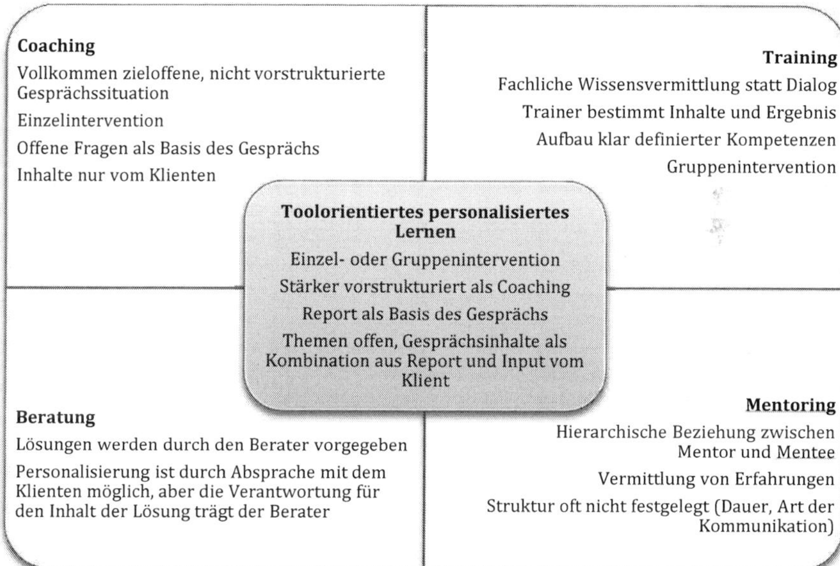

Abb. 1: Unterscheidung TpL, Coaching, Training, Beratung und Mentoring

Die Idee des ‚Personalisierten Lernens' greift Erkenntnisse der Lernpsychologie auf, nach denen Menschen vor allem dann zu Verhaltensänderungen in der Lage sind, wenn sie einen persönlichen Bezug zu Lerninhalten und Informationen herstellen konnten. Da ist es selbsterklärend, dass im Rahmen der Persönlichkeitsentwicklung besonders solche Informationen Entwicklungen anstoßen können, die einen möglichst hohen persönlichen Bezug für den Klienten besitzen und den größtmöglichen persönlichen Bezug bieten Daten zur eigenen Persönlichkeit und den eigenen Verhaltensstilen. In klassischen Trainings finden sich solche Inhalte nicht, da in diesen vorgefertigte Standardinhalte in derselben Weise an alle Teilnehmer vermittelt werden. Der höchste Grad an Individualisierung wird beim Ausprobieren des zuvor einheitlich vermittelten Stoffs erreicht. Wirkliche Perso-nalisierung sieht allerdings anders aus.

Ähnlich ist die Lage im Bereich Beratung und Mentoring. Hier kann der Klient zwar den Verlauf des Gesprächs stärker mitbestimmen, die entscheidenden Inputs kommen jedoch vom Berater oder Mentor und bauen daher auf dessen Wissen und Erfahrungen auf. Wirklich personalisiert kann dieser Prozess für den Klienten daher ebenfalls nicht sein, auch wenn mancher Berater vielleicht gut darin ist, seine Tipps und Erfahrungen mit den Bedürfnissen des Klienten zu verknüpfen. Die entworfenen Lösungen und Strategien kommen für den Klienten trotzdem von außen und bleiben daher oft gute Ratschläge ohne echten persönlichen Bezug und daher ohne wirklich nachhaltige Wirkung.

Ein echtes Coachinggespräch kommt dem Ideal des personalisierten Lernens hingegen wesentlich näher. Hier kann der Klient seine persönlichen Inhalte einbringen. Der Coach leitet den Prozess der Lösungsentwicklung, hält sich aber mit eigenen Vorschlägen zurück. Die so erarbeiteten Lösungen haben dann tatsächlich den größtmöglichen Bezug zum Klienten, da sie von ihm selbst entworfen wurden.

An dieser Stelle ein paar Fakten zum klassischen Coaching:

Coaching ist aus der Erkenntnis heraus entstanden,

- dass der Klient die Lösungen für seine Fragen in sich trägt
- dass Lösungen die der Klient selbst entwickelt nachhaltiger wirken als vorgefertigte Lösungen
- dass jeder Klient eine individuelle Lösung benötigt, auch wenn sich die Problemstellungen ähneln
- dass ein Coach dem Klienten durch Fragen und Reflektieren neue Perspektiven auf ein Thema eröffnen kann, bei dem er sich bisher mit seinen Gedanken „im Kreis dreht".

Merkmale von Coachinggesprächen:

- Personenzentrierter (Einzel-)Beratungsprozess
- Kann sowohl berufliche als auch private Inhalte behandeln
- Immer freiwillig und streng vertraulich
- zeitliche Begrenzung des Prozesses (häufig 5-10 Sitzungen)
- Keine „Ratschläge" sondern Hilfe zur Selbsthilfe. Der Coach steuert den Verlauf des Coachings und unterstützt den Klienten, seine eigene Lösung zu

erarbeiten. Die Verantwortung für die Lösungsfindung trägt der Klient, die Verantwortung für die Prozesssteuerung der Coach

- Der Klient erhält die Möglichkeit seine Gedanken, Handlungen und Wertvorstellungen zu reflektieren, zu bewerten und zu verändern
- Basiert auf einer tragfähigen und durch gegenseitige Akzeptanz und Committment gekennzeichneten Beratungsbeziehung
- Ziele sind die Förderung und Verbesserung der Selbstregulations- und Handlungsfähigkeiten des Klienten im Sinne einer Erweiterung des Verhaltensspektrums, ein realistisches und positives Selbstbild und klare Vorstellungen zu den persönlichen Zielen
- Lösungsorientierung: Entwicklung konkreter Lösungen für den Klienten
- Sicherung der Umsetzung: Vereinbarung von Kontrakten, Hausaufgaben und kleinen Schritten

Allerdings hat auch das klassische Coaching einige Nachteile in Bezug auf Persönlichkeitsentwicklung. Coaching eignet sich am besten für klar umrissene und wenig- bis mittelkomplexe Fragestellungen wie Karriereplanung, Entscheidungsfindung, Konfliktbearbeitung oder Burnout-Prävention. Bei komplexeren

Themen, die Aspekte einer Persönlichkeitsentwicklung und Verhaltensanpassung beinhalten, zeigen sich allerdings häufig Probleme im Coaching, sobald der Coach nicht über immense Erfahrung und eine fundierte psychologische Ausbildung verfügt:

- Da Ziele, Inhalte, die Richtung der Prozessschritte und Ergebnisse eines Coachingprozesses per Definition völlig offen sind, stellen so vielschichtige Themen wie Persönlichkeitsentwicklung den Coach und den Klienten vor sehr große Aufgaben. Sie müssen sämtliche Aspekte der Persönlichkeit des Klienten im Gespräch ohne zur Verfügung stehende Daten herausarbeiten.
- Hinzu kommt, dass Menschen bestimmte Teile der Persönlichkeit in einer reinen Frage-Antwort Situation (wie dem Coachinggespräch) tatsächlich (unbewusst) stark verzerrt wahrnehmen und wiedergeben.
- Außerdem ist das Herausarbeiten der Kernbereiche von Persönlichkeit in einem Gespräch ein extrem langwieriger und anstrengender Prozess, nach dem der Klient für die eigentliche Arbeit an den Lösungsstrategien kaum noch Energie haben wird.

Es wird anhand dieser Aufzählung deutlich, dass es einige sehr gute Argumente für den Einsatz leistungsfähiger Tools zur Darstellung der Persönlichkeit des Klienten gibt. Die Ergebnisse sind zuverlässiger und die Bearbeitung ist wesentlich weniger anstrengend, findet vor dem Gespräch statt und spart daher Zeit. Die Ergebnisse werden anschaulich aufbereitet, wodurch sie den perfekten Ausgangspunkt der Entwicklung von Handlungsstrategien bilden. Ferner ermöglichen bzw. erleichtern sie dem Coach die Umsetzung hervorragender

Entwicklungsgespräche ohne jahrelange Erfahrung in diesem Gebiet.

Ein weiteres Argument für TpL ist die Tatsache, dass der klassische Coachingansatz in Gruppenkonstellationen mit mehreren Klienten nicht umsetzbar ist, da es sich beim Coaching um eine Einzelintervention handelt. Es werden zwar regelmäßig Gruppencoachings angepriesen, diese stellen aber streng genommen einen Etikettenschwindel dar (siehe Abb.1). Mit psychologisch fundierten Analysetools eröffnen sich dem Trainer auch in Gruppeninterventionen völlig neue Möglichkeiten, da jeder Teilnehmer über personalisierte Auswertungen und Informationen aus dem Report verfügt, die er auf die dargestellten Inhalte direkt selbst oder unter Anleitung des Trainers anwenden kann.

Zusammenfassung:

Personalisiertes Lernen bedeutet also, sowohl im Coaching, der Beratung oder im Training, die Erarbeitung persönlicher Handlungsstrategien und Lösungsoptionen mit kompetenten Trainern/Coaches auf Grundlage fundierter analytischer Daten, welche mit leistungsfähigen Analysetools gewonnen werden.

Zur Einordnung: Das KPS-Modell

Coachings, Trainings und andere Weiterbildungsmaßnahmen haben in der Regel Verhaltensänderungen beim Klienten in Form von neuen Kompetenzen, verbesserten Fähigkeiten, effektiveren Problemlösungsstrategien usw. zum Ziel. Um alle weiteren Inhalte dieser Lektüre einordnen zu können, ist es daher sinnvoll, zunächst die Einflussfaktoren auf menschliches Verhalten besser zu verstehen. Diesbezüglich existieren vor allem drei relevante Bereiche, die wir im KPS-Modell für Sie zusammengefasst haben. Abbildung 2 macht deutlich, dass Kultur, Persönlichkeit und Situation (KPS) die drei Determinanten sind, die unser Verhalten beeinflussen.

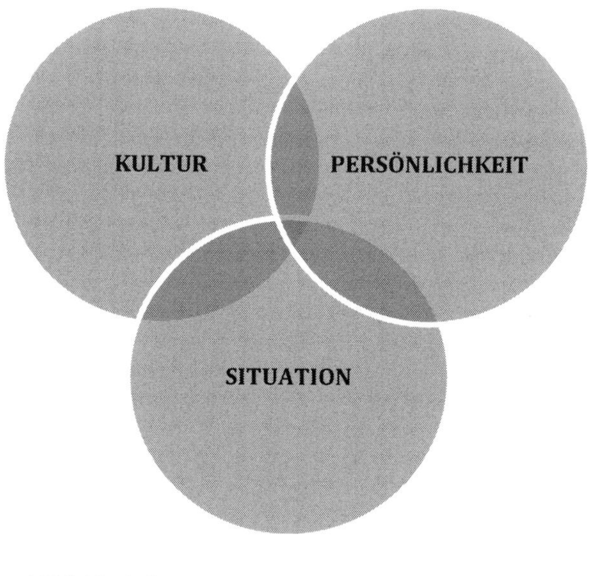

Abb. 2: Das KPS-Modell

Alle drei Determinanten können in einem bestimmten Moment die anderen dominieren und hauptverantwortlich für unser Handeln sein. Bei der Determinante ‚Situation' ist dies zum Beispiel dann der Fall, wenn die Situation so ‚stark' ist, dass sie dem Handelnden im Prinzip keine Wahl lässt, wie er sich verhalten sollte, völlig unabhängig von seiner Persönlichkeit oder Kultur. Wenn zum Beispiel an einem klaren Tag beim Baden im Pazifik eine große Haiflosse in einiger Entfernung auftaucht, überlegen die allermeisten Menschen nicht zweimal, sondern versuchen so schnell wie möglich aus dem Wasser zu kommen.

In offeneren Situationen spielt die individuelle Persönlichkeit sowie die Kultur in der ein Mensch groß geworden ist und sozialisiert wurde, eine wesentlich größere Rolle. Mehr zu den Hintergründen und Bestimmungsmerkmalen dieser beiden Themenfelder erfahren Sie in den Kapiteln 2 und 3.

Wie aus Abbildung 2 ersichtlich, überschneiden sich die Einflussdeterminanten auf unser Verhalten. Zum Beispiel beeinflusst die kulturelle Prägung der Menschen in einem Land die stärkere Ausprägung bestimmter Persönlichkeitsmerkmale gegenüber anderen Merkmalen, die in diesem Land vielleicht nicht so gern gesehen werden. Ein Mensch mit einer starken Ausprägung in einem Persönlichkeitsmerkmal gerät dann wiederum häufiger in bestimmte Situationen als jemand anderes.

Ein Beispiel: In den USA wird Extraversion bei einem Menschen positiver beurteilt als z.B. in Japan. Daher finden sich in den USA mehr Menschen mit einer starken Ausprägung dieses Merkmals. Solche Menschen streben dann wiederum stärker ins Rampenlicht und schaffen bzw. suchen Situationen, in denen sie sich präsentieren können. Vielleicht ein Grund für die Dominanz der US-amerikanischen Unterhaltungsindustrie und die Tatsache, dass es keinen japanischen Elvis Presley gibt.

Die Dispositionstheorie in der Persönlichkeitspsychologie

Die Beschäftigung mit der menschlichen Persönlichkeit spielt in unserem Alltag eine zentrale Rolle. Das globale Konzept „Persönlichkeit" oder einzelne Aspekte davon werden von jedem Menschen genutzt, um das Verhalten und Erleben der Mitmenschen zu verstehen, vorherzusagen und auch zu beeinflussen. Entsprechend dieser immensen Bedeutung, die Persönlichkeit im Alltag einnimmt, gibt es differenzierte Beschreibungen des Phänomens Persönlichkeit in der psychologischen Wissenschaft, vor allem in der Persönlichkeitspsychologie.

Folgend einige der gängigsten Definitionen von Persönlichkeit:

> *Die Persönlichkeit eines Individuums ist seine einzigartige Struktur von Wesenszügen (traits)... Ein Trait ist jeder abstrahierbare und relativ konstante Wesenszug, hinsichtlich dessen eine Person von anderen Personen unterscheidbar ist." (Guilford, 1968)*[1]

---

[1] Guilford, J.P. (1968), *The Nature of Human Intelligence, McGraw-Hill*, New York

„Unter der Persönlichkeit eines Menschen wird die Gesamtheit seiner Persönlichkeitseigenschaften verstanden" (Asendorpf, 2007)[2]

Persönlichkeit ist ein Phänomen, das „...sich unter wesentlicher Beteiligung von Lernprozessen formt bzw. bildet, das gemäß den Prinzipien des Lernens aufrechterhalten wird und sich unter gezielter Nutzung dieser Prinzipien verändern lässt". (Westmeyer 2005)[3]

Der Begriff Persönlichkeit beschreibt charakteristische Formen des Zusammenspiels von kognitiven, emotionalen und motivationalen Prozessen. (Kuhl 2010)[4]

Die Dispositionstheorie

Es gibt unterschiedliche Ansätze zur Beschreibung und empirischen Erfassung von Persönlichkeit. Wenn es darum geht, die Persönlichkeit eines Menschen in ihrer Vielfältigkeit und Komplexität möglichst exakt abzubilden und der ‚wahren' Persönlichkeit dieses Menschen damit möglichst nah zu kommen, ist seit einigen Jahren die sogenannte Dispositionstheorie tonangebend. Diese Theorie dient auch als eines der grundlegenden Modelle des TpL.

Folgende Kernaussagen kennzeichnen die Dispositionstheorie:

---

[2] Asendorpf: siehe Quellenverzeichnis
[3] Westmeyer, H. (2005), *Perspektiven Psychologischer Diagnostik*, Hogrefe, Göttingen
[4] Kuhl: siehe Quellenverzeichnis

- Persönlichkeit entsteht aus dem Zusammenspiel unterschiedlicher psychologischer Merkmale (Dispositionen): Charaktereigenschaften, Motive, Kompetenzen und dem Kern der Persönlichkeit (Selbstkonzept)

- Eine Disposition disponiert die Person dazu, in bestimmten Situationen ein bestimmtes Verhalten zu zeigen. Die Disposition ‚zwingt' den Menschen dabei nicht in eine Richtung, sie gibt nur die typische Richtung vor

- Eine Disposition ist über Jahre hinweg relativ stabil. Zum Beispiel verändern sich die Charaktereigenschaften eines Menschen im Laufe seines Lebens aufgrund von Lebenserfahrungen und Lerneffekten zwar, aber wenn keine extremen Ereignisse auftreten, bleiben sie im Kern stabil und für diesen Menschen charakteristisch

- Nur in ihrer Gesamtheit spiegeln diese Dispositionen die Persönlichkeit des Menschen wieder. Will man dieser mit einem Messinstrument gerecht werden, ist es daher notwendig, möglichst alle oben beschriebenen Facetten der Persönlichkeit abzubilden

Natürlich existiert eine völlig unüberschaubare Anzahl unterschiedlicher Begriffe für solche Merkmale wie Charaktereigenschaften, Kompetenzen oder Motive. Hier kommt die moderne Statistik mit ihren ausgefeilten Auswertungsmethoden ins Spiel, über die Sie im nächsten Kapitel mehr erfahren.

Kapitel 2

Der Big Five Ansatz zur Persönlichkeitsbeschreibung

Ziel der Psychologen war es, eine möglichst kleine Anzahl zentraler Dispositionen zu finden, die sozusagen als Überkategorien der Persönlichkeit dienen können. Die Idee: Wenn wir diejenigen Merkmale finden, denen sich alle anderen Merkmale zuordnen lassen (wie in einem Stammbaum), dann müssten wir nur noch diese wenigen Merkmale messen und könnten trotzdem Rückschlüsse auf alle anderen, untergeordneten Merkmale ableiten.

Die Frage ist also: Wie viele Eigenschaftsdimensionen sind notwendig, um die Persönlichkeit angemessen beschreiben zu können?

Der Grundgedanke ist recht einfach zu verstehen: Wenn ich herausfinde, dass Gewissenhaftigkeit, Disziplin und Ordentlichkeit so eng miteinander ‚verwandt' sind, dass immer dann, wenn eines der Merkmale bei einem Menschen stark ausgeprägt ist, auch die anderen Merkmale stark ausgeprägt sind, dann muss ich natürlich nicht all diese Dispositionen messen, sondern prinzipiell nur eine der drei. Auf die anderen beiden kann ich dann aufgrund der ‚Verwandtschaft' schließen. Man bezeichnet diesen Zusammenhang psychologischer Merkmale zueinander als Korrelation. Solche Korrelationen ermöglichen es uns, aufgrund sehr weniger Daten, die wir über einen Menschen sammeln, sehr viele Informationen über ihn zu erhalten.

Die Methode: Faktorenanalyse

- Wie kann man weite Teile der Persönlichkeit durch möglichst wenige Eigenschaften abdecken?
- Allein im englischen Sprachgebrauch gibt es ca. 18.000 Wörter, die Persönlichkeit beschreiben
- Faktorenanalyse = Methode zur Datenreduktion und Systematisierung
- Das Ziel: Reduktion auf möglichst wenige Eigenschaftsvariablen
- Das bedeutet: Die Faktorenanalyse reduziert viele ungeordnete Eigenschaftsvariablen auf wenige nicht in Verbindung stehende Persönlichkeitsfaktoren.
- Die Methode geht zurück auf Spearman (1904)

Abb. 3: Faktorenanalyse

Um an diesen Punkt zu gelangen, war die Erfindung einer sehr mächtigen statistischen Analysemethode, der Faktorenanalyse (siehe Abb. 3), notwendig.

Durch diese Methode wurde es möglich, die unüberschaubare Menge psychologischer Merkmale auf die grundlegenden Persönlichkeitsfaktoren zu reduzieren, denen sich alle anderen Merkmale zuordnen lassen. Man kann sich das Verfahren wie den Prozess des Sortierens von unterschiedlich farbigen Bällen in einem Bällebad für Kinder vorstellen. Zunächst gibt es tausend unterschiedlich farbiger Bälle, dann beginnt man sie zu sortieren und bildet Gruppen. Bälle mit verschiedenen Rotschattierungen bilden eine Gruppe, Blauschattierungen eine andere und Gelbe Bälle eine dritte Gruppe. Wie bei den Grundfarben gibt es auch bei der Persönlichkeit Grunddimensionen – Faktoren genannt – und Unterkategorien dieser Grunddimensionen – Facetten genannt.

Mit der Faktorenanalyse konnte nun geklärt werden, wie viele – und welche – Grunddimensionen der Persönlichkeit es gibt. Es hat sich gezeigt, dass fünf Grunddimensionen der Persönlichkeit existieren. Diese wurden daher als Big Five bekannt (siehe Tab. 1, S. 32).

Was für psychologisch Ungeschulte zunächst vielleicht wie Magie anmutet ist eigentlich also nur schnöde – wenn auch extrem komplexe – Mathematik: Wir können mit den Informationen zur Ausprägung der Big Five Persönlichkeitsfaktoren eines Menschen Rückschlüsse auf seine Charaktereigenschaften ziehen, aber auch auf seine zentralen Motive, seine hervorstechendsten Kompetenzen und seine Grundeinstellung zu sich selbst (Selbstkonzept).

Warum können wir so viele verschiedene Informationen ableiten? Seitdem klar geworden ist, dass die Big Five das Standardmodell zur Beschreibung der Persönlichkeit sind, haben Psychologen tausende von Studien durchgeführt, in denen sie den Zusammenhang der Big Five Faktoren mit sehr vielen verschiedenen Persönlichkeitsmerkmalen nachweisen konnten.

Ein Beispiel: Der Big Five Faktor Extraversion korreliert hoch mit dem Wunsch zu führen (Führungsmotiv) und der Fähigkeit zu führen (Führungskompetenz). Menschen, bei denen

Extraversion also sehr stark ausgeprägt ist, verfügen daher häufig ebenfalls über das Bedürfnis die Führung in sozialen Situationen zu übernehmen und können dies oft auch gut.

Wie ausgeprägt ein Zusammenhang (also die Korrelation) zwischen einem Big Five Faktor und einem anderen Persönlichkeitsmerkmal ist, wird durch die Stärke der gefundenen Korrelation angezeigt und ist natürlich entscheidend dafür, wie sicher wir von einem Merkmal auf das andere schließen können.

Welche sind die klassischen Big Five Faktoren?

Ein Problem gibt es für den Einsatz des Big Five Modells allerdings bei aller wissenschaftlichen Fundiertheit und empirischen Brillanz: Die Namen der Dimensionen und Facetten wirken recht tendenziös. Das heißt, bei der Namensgebung wurde nicht darauf geachtet, Menschen am einen Ende der Skala nicht vor den Kopf zu stoßen. Wer möchte schon eine hohe Ausprägung in der Facette Depression haben, insbesondere im beruflichen Kontext? Das klassische Modell der Big Five ist also nicht praxistauglich. Daher schlagen wir die in Tabelle 2 auf Seite 33 dargestellte Umbenennung der Faktoren und Facetten für den Einsatz in der beruflichen Weiterbildung vor.

Hierbei handelt es sich um ein bidimensionales Modell der Big Five, das sich als sinnvoll für die Praxis erwiesen hat und entwickelt wurde, um die oben genannte Problematik des klassischen Modells zu umgehen.

Inhaltlich wird nichts an den Dimensionen und Facetten verändert. Dies ist in der Vergangenheit von Anwendern des Big Five Ansatzes im Weiterbildungsbereich gemacht worden, aber stellt einen unzulässigen Eingriff in das Modell dar. Sämtliche Nachweise der empirischen Güte des Modells basieren auf dem Ursprungsmodell. Verändere ich nach Gutdünken die Dimensionen, füge neue hinzu oder lasse alte weg, verliert das Modell jegliche empirische Güte und seine Überlegenheit gegenüber allen anderen Persönlichkeitsmodellen.

Erläuterung der erfassten Big Five Dimensionen

Sie finden auf den folgenden Seiten zunächst eine Übersicht des klassischen Modells sowie unserer Anpassungen und anschließend eine detaillierte Erläuterung der (umbenannten) Big Five Dimensionen.

Die klassischen Big Five: Dimensionen und Facetten im Detail

Klassische Big Five Dimension	Facetten
Neurotizismus(N)	N1: Ängstlichkeit N2: Reizbarkeit N3: Depression N4: Soziale Befangenheit N5: Impulsivität N6: Verletzbarkeit
Extraversion(E)	E1: Herzlichkeit E2: Geselligkeit E3: Durchsetzungsfähigkeit E4: Aktivität E5: Erlebnishunger E6: Frohsinn
Offenheit für Erfahrungen(O)	O1: Fantasie O2: Ästhetik O3: Gefühle O4: Handlungen O5: Ideen O6: Werte
Verträglichkeit(A)	A1: Vertrauen A2: Freimütigkeit A3: Altruismus A4: Entgegenkommen A5: Bescheidenheit A6: Gutherzigkeit
Gewissenhaftigkeit(C)	C1: Kompetenz C2: Ordnungsliebe C3: Pflichtbewusstsein C4: Leistungsstreben C5: Selbstdisziplin C6: Besonnenheit

Tab. 1: Übersicht klassische Big Five Dimensionen

Bidimensional Big Five: Dimensionen und Facetten im Detail

Bidimensionale Big Five Dimension	Facetten		Bidimensionale Big Five Dimension
Sensibilität(S)	S1: Anspannungsniveau(+)	E1: Anspannungsniveau(-)	Emotionale Stabilität(E)
	S2: Soziale Empfindsamkeit	E2: Geringe Reizbarkeit	
	S3: Wechselhafte Stimmungslage	E3: Stabilität der Stimmungslage	
	S4: Gemäßigtes Selbstsicherheitsniveau	E4: Soziale Selbstsicherheit	
	S5: Impulsivität	E5: Impulskontrolle	
	S6: Stresserleben	E6: Stressresistenz	
Extraversion(X)	X1: Soziale Offenheit	I1: Soziale Unabhängigkeit	Introversion(I)
	X2: Außenorientierung	I2: Innenorientierung	
	X3: Dominanz	I3: Niedriges Dominanzbedürfnis	
	X4: Aktivitätsniveau	I4: Gemäßigtes Aktivitätsniveau	
	X5: Erlebnisorientierung	I5: Ruheorientierung	
	X6: Enthusiasmus	I6: Gemäßigter Enthusiasmus	
Offenheit(O)	O1: Fantasie	B1: Realitätsorientierung	Beständigkeit(B)
	O2: Sinn für Ästhetik	B2: Geringes Ästhetikbedürfnis	
	O3: Gefühlsorientierte Entscheidungsfindung	B3: Faktenorietierte Entscheidungsfindung	
	O4: Handlungsinnovation	B4: Handlungskontinuität	
	O5: Konzeptionelle Innovation	B5: Pragmatismus	
	O6: Kritikorientierung	B6: Normorientierung	
Kooperation(K)	K1: Vertrauensorientierung	W1: Soziale Skepsis	Wettbewerbsorientierung(W)
	K2: Freimütigkeit	W2: Strategische Kommunikation	
	K3: Altruismus	W3: Selbstfürsorge	
	K4: Nachgiebigkeit	W4: Geringe Nachgiebigkeit	
	K5: Bescheidenheit	W5: Positive Selbstdarstellung	
	K6: Empathie	W6: Soziale Rationalität	
Gewissenhaftigkeit(G)	G1: Kompetenzwahrnehmung(+)	F1: Kompetenzwahrnehmung(-)	Flexibilität(F)
	G2: Ordnungsorientierung	F2: Niedrige Ordnungsorientierung	
	G3: Prinzipienorientierung	F3: Flexible Lebensführung	
	G4: Leistungsorientierung	F4: Interessenorientierung	
	G5: Disziplinorientierung	F5: Entspanntheit	
	G6: Kontrollorientierung	F6: Spontanität	

Tab. 2: Übersicht bidimensionale Big Five

Extraversion vs. Introversion

Die bipolare Dimension Extraversion vs. Introversion ist wohl die bekannteste und populärste aller persönlichkeitsbeschreibenden Dimensionen und Teil der meisten Persönlichkeitsmodelle des 20. und 21. Jahrhunderts. Der Grund dafür liegt in ihrer langen Forschungstradition und ihren prominenten Verfechtern. Schon Carl Gustav Jung (um 1940) baute sein Persönlichkeitsmodell auf dieser Dimension auf. Gleiches gilt für Hans Eysenck (Ende der 1960er Jahre). Später konnte die Dimension auch im Rahmen faktorenanalytischer Studien empirisch bestätigt werden. So lässt sich die Dimension auch eindeutig als einer der fünf grundlegenden Faktoren der Persönlichkeit nach dem Big Five Modell identifizieren, auf die sich das vorliegende Tool stützt.

Was charakterisiert nun den Unterschied zwischen den beiden Ausprägungen dieser Dimension? Eine Grundfrage, die sich zur Unterscheidung anbietet ist folgende: Worauf richte ich im täglichen Leben und Umgang mit Anderen mein Hauptaugenmerk – auf die Interaktion mit Anderen und die daraus resultierenden Sinneseindrücke oder auf mein eigenes inneres Erleben und meine Interpretation der Außenwelt?

Ersteres kennzeichnet die Extraversion, letzteres die Introversion. Dementsprechend suchen extravertierte Menschen bewusst den Kontakt zu anderen Menschen und tun sich aufgrund dieser Motivation und den gesammelten Erfahrungen oft auch leicht in solchen Kontaktsituationen (bis hin zur Dominanz der Situation). Sie zeigen insgesamt ein hohes Aktivitätsniveau und streben nach intensiven Sinneserfahrungen von außen sowie das Erleben positiver Emotionen. Aufgrund ihrer generellen Außenorientierung und da sich durch ein positives Auftreten soziale Kontakte in aller Regel auch positiv gestalten, zeigen extravertierte häufig ein hohes Maß an Enthusiasmus und Fröhlichkeit.

Schlagwörter zur Beschreibung extravertierter Personen:

- Nach außen (soziale Kontakte und Erlebnisse) orientiert
- Starkes Kontaktbedürfnis
- Wunsch nach positiver Wahrnehmung durch Andere (Fröhlichkeit, Enthusiasmus)
- Hohes Aktivitätsniveau
- Wunsch nach Beeinflussung sozialer Situationen
- Aktives Streben nach positiven Emotionen

Wichtig ist zu verstehen, dass Introversion nicht einfach das Gegenteil all dieser soeben beschriebenen Verhaltensmuster darstellt, sondern einen grundsätzlich anderen Stil. Introvertierte sind nicht zwangsläufig ungeselliger als Extrovertierte, sie nehmen die Begegnungen mit anderen aber durch den Filter ihrer eigenen Gedanken und Gefühle wahr, sodass Kontakte zu sehr vielen Menschen in sehr kurzer Zeit eher anstrengend als erbauend für sie sind. Daher interagieren Introvertierte lieber mit einem oder wenigen Menschen gleichzeitig statt mit sehr vielen. Sie arbeiten auch lieber in kleinen Teams oder allein und sind sozial unabhängig, da sie nicht auf die Gesellschaft und das Wohlwollen anderer angewiesen sind. Aufgrund ihres geringeren Bedürfnisses nach äußeren Sinneseindrücken wirken Introvertierte häufig ruhig und gelassen. Da sie äußere Eindrücke intensiver als Extrovertierte verarbeiten und reflektieren, handeln

Introvertierte in der Regel überlegt und ohne unnötigen Aktionismus.

Schlagwörter zur Beschreibung introvertierter Personen:

- Nach innen orientiert (Gedanken und Ideen, Reflexion von Gefühlen)
- Austausch mit Einzelpersonen statt Gruppen
- Reservierter/prüfender Zugang zu sozialen Kontakten
- Unabhängig vom Urteil Anderer
- Gemäßigtes Aktivitätsniveau aufgrund geringerer Außenorientierung
- Streben nach Ruhe, Entspannung und Zufriedenheit

Die einzelnen Facetten der Dimension:

Soziale Offenheit vs. Soziale Unabhängigkeit

Personen mit einer starken Ausprägung sozialer Offenheit stehen anderen Menschen grundsätzlich relativ unkritisch gegenüber und gehen daher schnell engere Bindungen ein – ob im Beruf oder Privat. Menschen mit sozialer Unabhängigkeitsausprägung sind Anderen gegenüber nicht unbedingt negativ eingestellt, nur vorsichtiger, abwartender und eventuell formeller im Umgang.

Außenorientierung vs. Innenorientierung

Außenorientierte Personen suchen in den verschiedensten Situationen aktiv die Gesellschaft anderer Menschen, wohingegen Personen mit Innenorientierung auch gerne einmal für sich bleiben und eine Aufgabe z.B. lieber allein bearbeiten.

Dominanz vs. niedriges Dominanzbedürfnis

Dominante Menschen neigen dazu, Dominanz in sozialen Situationen auszuüben und Führungspositionen anzustreben. Sie fühlen sich sicher in sozialen Situationen und versuchen diese Sicherheit dazu zu nutzen, andere zu beeinflussen oder im Extremfall zu manipulieren. Menschen mit niedrigem Ausprägungen verspüren kein ausgeprägtes Bedürfnis nach Dominanz oder den Wunsch eine Gruppe anzuführen. Sie suchen sich ihren Platz im sozialen Gefüge und konzentrieren sich dort auf ihre Aufgaben.

Aktivitätsniveau vs. gemäßigtes Aktivitätsniveau

Ein hohes Aktivitätsniveau äußert sich in der Suche nach ständiger Beschäftigung und einem hohen Energielevel. Aktive Menschen führen häufig ein recht hektisches, eng getaktetes Leben, während Menschen mit einer gemäßigten Ausprägung eher nach Ruhe und Entspannung streben.

Erlebnisorientierung vs. Ruheorientierung

Erlebnisorientierte Personen suchen gezielt nach Ereignissen und Kontakten, die mit intensiven Sinneswahrnehmungen bis hin zum ‚Nervenkitzel' verbunden sind. Sie sind daher auch risikofreudiger als Personen mit Ruheorientierung, die nicht nach solchermaßen extremen oder aufregenden Situationen suchen.

Enthusiasmus vs. gemäßigter Enthusiasmus

Bei dieser Facette geht es um die Tendenz, positive Emotionen aktiv zu suchen, erzeugen und verstärken. Enthusiastische Menschen versuchen genau dies unablässig, während Menschen mit einer geringen Ausprägung ebenfalls enthusiastische Momente erleben, diese aber nicht aktiv zu erzeugen versuchen, wenn sie sich in Situationen oder Phasen befinden, die ihnen keinen direkten Anlass zum Enthusiasmus geben.

Emotionale Stabilität vs. Sensibilität

Diese Dimension beschreibt am einen Ende der Skala die psychische Robustheit einer Person auch im Angesicht von Krisen, Problemen und Widerständen sowie am anderen Ende der Skala die emotionale Empfindsamkeit einer Person.

Im Kern geht es in den verschiedenen Facetten dieser Dimension darum, wie intensiv negative und auch positive Emotionen von einer Person erlebt werden. Sensible Menschen verfügen über ein intensiveres Gefühlsleben als sehr stabile Menschen, leiden aber natürlich auch stärker unter den Auswirkungen negativer Emotionen. Aufgrund ihrer höheren Durchlässigkeit für Emotionen zeigen sehr sensible Menschen häufig ein insgesamt höheres Anspannungsniveau, eine höhere Anfälligkeit für Stressempfinden und eine stärker schwankende Stimmungslage als sehr stabile Personen. Sensible Menschen können und wollen ihre Gefühle und Handlungsimpulse weniger stark kontrollieren als sehr stabile Menschen, die auf die Sensiblen dadurch häufig eher emotionslos und überkontrolliert wirken. Stabile Menschen lassen sich dagegen im Rahmen sozialer Kontakte weniger schnell verunsichern, da sie auch für Gefühle wie Scham oder Verlegenheit weniger empfänglich sind.

Schlagwörter zur Beschreibung emotional stabiler Personen:

- In den meisten Situationen entspannt und nicht leicht reizbar
- Haben keine starken Stimmungsschwankungen
- Sicher in sozialen Situationen

- Kontrolliert
- Stressresistent
- Können aufgrund des geringeren Zugangs zu den eigenen Emotionen unsensibel wirken

Schlagwörter zur Beschreibung sensibler Personen:

- Sensibel und empfindsam
- Direkter Zugang zu den eigenen Emotionen
- Relativ hohes typisches Anspannungsniveau und größere Reizbarkeit
- Höhere Durchlässigkeit für Einflüsse von außen, die dann zu Stimmungsschwankungen und Verunsicherung führen können
- Erleben auch Impulse von innen intensiver und geben ihnen daher leichter nach
- Aufgrund der allgemeinen Empfindsamkeit anfällig für Stress

Die einzelnen Facetten der Dimension:

Hohes vs. niedriges Anspannungsniveau

Diese Facette beschreibt die Tendenz eines Menschen, sich aufgrund von realen oder fiktiven Ereignissen in der Vergangenheit, Gegenwart oder Zukunft Sorgen zu machen.

Da Menschen mit hohen Werten in dieser Facette sich von verschiedensten Informationen beunruhigen lassen, zeigen sie insgesamt ein hohes Anspannungsniveau, treffen aber auch selten fatale Fehleinschätzungen, zu denen sehr entspannte Menschen eher neigen, da sie die Brisanz vorhandener Informationen eventuell unterschätzen.

Reizbarkeit vs. geringe Reizbarkeit

Stark reizbare Menschen reagieren heftiger auf Provokationen und fühlen sich auch schneller provoziert als Menschen mit einer geringen Ausprägung in dieser Facette. Mit einer größeren Reizbarkeit geht auch das intensivere Empfinden von Emotionen wie Wut, Frustration und Verbitterung einher. Menschen mit sehr geringen Ausprägungen empfinden diese Gefühle auch im Angesicht heftiger Anfeindungen nur eingeschränkt und werden daher oft als phlegmatisch oder im positiven Sinne als gleichmütig wahrgenommen.

Stabilität der Stimmungslage vs. wechselhafte Stimmungslage

Menschen mit stabiler Stimmungslage lassen sich nicht leicht entmutigen und werden angesichts von Misserfolgen weniger stark von Selbstzweifeln und Schuldgefühlen geplagt als Personen mit wechselhafter Stimmungslage. Diese neigen dazu, sich selbst die Schuld an Misserfolgen zu geben. Dies kann allerdings auch die Antriebsfeder für persönliche Entwicklungen sein. Menschen mit der stabilen Ausprägung empfinden zwar seltener Gefühle wie Niedergeschlagenheit, sind deshalb aber nicht unbedingt glücklich, sondern einfach unempfindlicher gegenüber sehr negativen Gefühlen.

Soziale Selbstsicherheit vs. gemäßigtes Selbstsicherheitsniveau

Personen mit gemäßigtem Selbstsicherheitsniveau neigen in sozialen Situationen zu Schüchternheit und Verlegenheit. Sie sind feinfühliger als Menschen mit viel sozialer Selbstsicherheit und reagieren daher auch stärker auf negative Kommentare oder Kritik. Menschen mit sozialer Selbstsicherheit sind nicht etwa geschickter oder sozial kompetenter, sondern lassen sich im Kontakt mit anderen einfach weniger leicht verunsichern.

Impulskontrolle vs. Impulsivität

Diese Facette gibt an, ob jemand die Tendenz hat, einem Handlungsimpuls eher nachzugeben (Impulsivität) oder ob er seine Impulse stärker kontrollieren kann, wenn ihm dies als notwendig erscheint (Impulskontrolle). Impulsive Personen gelten eher als ‚Genussmenschen'. Sie kontrollieren ihre Impulse weniger stark und streben dies häufig auch nicht an, auch wenn einige der Impulse negative Konsequenzen haben können (z.B. Gewichtzunahme) und im Nachhinein bedauert werden.

Stressresistenz vs. Stresserleben

Stress ist definiert als negative Auswirkungen belastender Situationen auf das menschliche Empfinden. Stresserlebende Personen nehmen diese negativen Auswirkungen intensiver wahr und leiden stärker darunter als Stressresistente. Diese nehmen den Stress natürlich ebenfalls wahr, gehen aber davon aus, dass sie Wege finden werden, um mit ihm fertig zu werden. Dies bedeutet nicht, dass sie tatsächlich besser darin sind Probleme zu lösen, sie trauen sich einfach nur mehr zu als Menschen mit ausgeprägtem Stresserleben und können daher zunächst mit der Belastung umgehen. Bei immer weiter steigenden Anforderungen erreicht allerdings jeder Mensch irgendwann einen Punkt, an dem der Stress negative emotionale und körperliche Folgen hat.

Offenheit vs. Beständigkeit

In dieser Dimension wird die Neigung einer Person erfasst, sich für ‚das Neue' zu interessieren und zu öffnen (hohe Ausprägung in Offenheit) bzw. ‚das Bewährte' zu erhalten und weiterzuverfolgen (hohe Ausprägung in Beständigkeit). Sehr offene Menschen lieben Abwechslung, stellen häufiger als andere den Status quo in Frage, sind in der Regel sehr fantasievoll, kreativ und unkonventionell im Denken und Handeln. Die beschriebene Offenheit bezieht sich auf ein sehr breites Spektrum aus neuen Erfahrungen, Ideen, Erlebnissen, Lebensentwürfen, Stilrichtungen, politischen Vorstellungen und intensiven Gefühlen.

Schlagwörter zur Beschreibung offener Personen:

- Fantasiebegabt und kreativ
- Reichhaltiges Interesse an unterschiedlichsten Themen und Dingen
- Gefühlsorientierte Entscheidungsfindung
- Ausprobieren neuer Wege und Handlungsweisen
- Infragestellen des Status quo

Beständige Menschen sind dagegen eher der Realität und den Dingen zugewandt, die sich in der Vergangenheit bewährt und als zuverlässig erwiesen haben. Das bedeutet nicht, dass sie grundsätzlich Neuem verschlossen sind, sie prüfen es nur sowohl sachlicher als auch kritischer und bewerten es nach seinem tatsächlichen Nutzen und Potential. Sie sind häufig praktisch veranlagt und neigen nicht zu Tagträumereien oder dem Herbeifantasieren von Luftschlössern. Mehr als immer neue Erfahrungen zu machen, streben sie danach, die Erfahrungen, Ansätze und menschliche Kontakte zu intensivieren und zu schützen, die sich für sie als bereichernd und vertrauenswürdig erwiesen haben. Beständige Menschen sind in der Regel zuverlässig, bodenständig und verlässlich.

Schlagwörter zur Beschreibung beständiger Personen:

- Orientierung an Daten und Fakten
- Starker Realitätsbezug
- Bewährtes wird weiterverfolgt
- Tendieren zum Expertentum
- Haben ein klares Werte- und Normkonzept verinnerlicht
- Orientierung an Strukturen und Autoritäten

Die einzelnen Facetten der Dimension:

Realitätsorientierung vs. Fantasie

Realitätsorientierte tendieren zu einer Orientierung an Daten und Fakten, Logik und beweisbaren Argumenten statt erdachten Fantasien und Ideen. Menschen mit viel Fantasie hingegen verfügen über eine reichhaltige Vorstellungskraft.

Sinn für Ästhetik vs. geringes Ästhetikbedürfnis

Diese Facette kennzeichnet das Interesse einer Person an ästhetischen Erlebnissen im Sinne von Kunst, Design, Malerei, Poesie oder klassischer Musik. Menschen mit hohen Ausprägungen suchen und genießen solche Erlebnisse eher als Menschen mit geringen Ausprägungen, die andere Interessen verfolgen (z.B. Sport oder Technik).

Gefühlsorientierte vs. faktenorientierte Entscheidungsfindung

Sehr gefühlsorientierte Menschen zeigen eine größere Offenheit für das Zulassen sämtlicher Emotionen, erleben diese Emotionen intensiver und lassen sich z.B. auch beim Treffen von Entscheidungen von ihren Gefühlen stärker leiten als faktenorientierte Personen. Letztere halten sich lieber an Fakten und versuchen Fehlentscheidungen aufgrund von emotional getroffener ‚Bauchentscheidungen' zu vermeiden.

Handlungsinnovation vs. Handlungskontinuität

Handlungsinnovation äußert sich in der Tendenz, immer wieder neue Aktivitäten, Hobbys, Produkte, Gerichte oder Reiseziele auszuprobieren. Menschen mit hohen Werten in Bezug auf Handlungskontinuität halten dagegen lieber an Dingen fest, die sich für sie bewährt haben. Sie zeigen zum Beispiel eine größere Kundentreue, wenn sie mit einem Produkt zufrieden sind oder halten sich im Beruf an vertraute Abläufe und Routinen.

Konzeptionelle Innovation vs. Pragmatismus

Bei dieser Facette geht es um die Offenheit einer Person für theoretische Ideen, Konzepte und Diskussionen. Menschen mit viel konzeptioneller Innovation diskutieren gerne Grundsatzfragen, abstrakte Ideen und zeigen in der Regel Interesse und Neugier bezüglich wissenschaftlicher Erkenntnisse. Pragmatische Menschen konzentrieren ihr Interesse eher auf Themenbereiche, mit denen sie sich auskennen und für die sie sich wirklich interessieren bzw. die einen tatsächlichen (statt erkenntnistheoretischen) Mehrwert für sie haben. So werden sie schnell zu Fachexperten auf ihrem Spezialgebiet.

Normorientierung vs. Kritikorientierung

Kritikorientierte Personen tendieren dazu, bestehende Normen und Wertesysteme in Frage zu stellen. Auch religiöse Überzeugungen, Hierarchien und Führungspersonen sparen sie bei ihrer Kritik nicht aus. Menschen mit einer hohen Normorientierung zeigen ein klares Werte- und Normengerüst, dem sie in der Regel auch folgen. Sie tun sich weniger schwer damit, Autoritäten zu akzeptieren und ihnen zu folgen, denn sie orientieren sich gerne an klaren Vorgaben und Strukturen.

Kooperationsorientierung vs. Wettbewerbsorientierung

Diese Dimension beschreibt im Gegensatz zur Extraversion vs. Introversion nicht *ob* jemand die Tendenz hat soziale Kontakte zu suchen und einzugehen, sondern *wie* sich jemand in sozialen Interaktionen typischerweise verhält.

Menschen mit einer ausgeprägten Kooperationsorientierung werden in der Regel als sehr umgänglich und wohlwollend anderen gegenüber wahrgenommen. Sie sind hilfsbereit, unterstützend und kompromissbereit. Ihre soziale Verträglichkeit geht teilweise bis an die Grenze der Unterwürfigkeit und in einigen Fällen auch darüber hinaus.

Schlagwörter zur Beschreibung kooperationsorientierter Personen:

- Tendenz, anderen Personen zu vertrauen und Gutes von ihnen zu erwarten
- Freimütige Kommunikation ohne strategische Ziele
- Hohes Maß an Hilfsbereitschaft
- Kompromissbereitschaft und eher Konfliktscheu
- Bescheidenheit bei der Selbstdarstellung
- Treffen von Entscheidungen aus Mitgefühl

Wettbewerbsorientierte Personen legen den Fokus in sozialen Beziehungen nicht auf eine besonders ausgeprägte Harmonie oder ihre Beliebtheitswerte bei den anderen Teammitgliedern. Stattdessen vertreten sie zunächst einmal ihre Interessen und Ziele. Dies bedeutet nicht, dass sie andere grundsätzlich übervorteilen, sie stellen ihre Bedürfnisse nur einfach nicht hinter denen der anderen zurück oder verlassen sich auf andere, sondern sorgen persönlich dafür, dass ihre Interessen Beachtung finden. Ein fairer Wettstreit ist ihnen dabei allemal lieber als ein aus ihrer Sicht ‚halbgarer' Kompromiss.

Schlagwörter zur Beschreibung wettbewerbsorientierter Personen:

- Eher skeptische Grundeinstellung gegenüber anderen Menschen
- Passen ihre Kommunikation dem Kontext an
- Versuchen nach Möglichkeit nicht in die Probleme anderer involviert zu werden
- Tragen Konflikte offen aus
- Tendenz zur positiven Selbstdarstellung
- Treffen Entscheidungen aufgrund rationaler statt sozialer Abwägungen

Die einzelnen Facetten der Dimension:

Vertrauensorientierung vs. soziale Skepsis

Personen mit Vertrauensorientierung schenken anderen leicht Vertrauen und gehen grundsätzlich davon aus, dass Menschen vertrauenswürdig und ehrlich sind. Personen mit niedrigen Werten stehen anderen zunächst einmal eher skeptisch gegenüber, da sie davon ausgehen, dass jeder Mensch im Kern seine eigenen Interessen verfolgt. Daher prüfen sie sehr genau, wem sie vertrauen und wem nicht, denn sie möchten verhindern, ausgenutzt zu werden.

Strategische Kommunikation vs. Freimütigkeit

Bei strategischer Kommunikation steuert jemand sein Kommunikationsverhalten so, dass es zur Erreichung der eigenen Ziele beiträgt. Hierzu zählt u.a. das gezielte Knüpfen und Pflegen strategisch wichtiger Kontakte, die positive Beeinflussung der Meinung anderer über sich oder ein an der richtigen Stelle angebrachtes Kompliment. Freimütigen Personen ist eine solchermaßen strategische Kommunikation fremd. Sie passen ihre Kommunikation nicht dem Kontext an, sondern äußern stets offen ihre Meinung und vertrauen darauf, dass diese Freimütigkeit zu den richtigen Ergebnissen führen wird.

Altruismus vs. Selbstfürsorge

Hohe Altruismuswerte lassen vermuten, dass jemand sehr um das Wohlergehen anderer besorgt ist und sich gerne – auch ohne Aufforderung – um andere kümmert. Im Extrem kann diese Neigung in einer Art Selbstaufgabe enden, wenn jemand z.B. im Job den Kollegen so viele Aufgaben abnimmt, dass er nicht mehr dazu kommt die eigenen Aufgaben zu erledigen. Selbstfürsorgliche Personen versuchen es dagegen zu vermeiden, in die Probleme anderer ‚hineingezogen' zu werden und sind der Meinung, dass zunächst einmal jeder für sich selbst verantwortlich ist.

Nachgiebigkeit vs. niedrige Nachgiebigkeit

Nachgiebige Personen versuchen jede Form von Auseinandersetzungen nach Möglichkeit zu vermeiden. Kommt es doch einmal zu Konflikten, sind sie schnell bereit, auf den Konfliktpartner zuzugehen und auch zurückzustecken, um die Harmonie wiederherzustellen. Bei geringer Nachgiebigkeit verhalten die Personen sich stärker konkurrenzorientiert, nehmen Befindlichkeiten dabei in Kauf und zeigen anderen auch ihren Ärger oder ihre Abneigung. Teilweise setzen sie diese Verhaltensweisen auch gezielt ein, um sich z.B. bei Kollegen Respekt zu verschaffen.

Positive Selbstdarstellung vs. Bescheidenheit

Die Facette Bescheidenheit deutet auf eine zurückhaltende Person hin, die z.B. nicht gerne auf die eigenen Erfolge verweist und sich in sozialen Situationen nicht in den Vordergrund stellen möchte. Am anderen Ende der Skala weisen Personen, mit hohen Ausprägungen in positiver Selbstdarstellung, direkt auf die eigenen Vorzüge und Erfolge hin, stehen auch gerne einmal im Mittelpunkt und verspüren in sozialen Interaktionen häufig ein Überlegenheitsgefühl gegenüber den anderen Anwesenden.

Empathie vs. soziale Rationalität

Bei einer hohen Ausprägung von Empathie empfindet jemand die Gefühle anderer Menschen selbst nach, trifft Entscheidungen auf Grundlage dieses ‚Mitfühlens' und nimmt insgesamt starken Anteil am Schicksal der Mitmenschen. Bei der Facette soziale Rationalität trifft jemand Entscheidungen auf Grundlage nüchterner Logik und Rationalität. Solche Personen sind im Angesicht schwieriger Situationen wie z.B. Entlassungen relativ unsentimental und begründen dies in der Regel mit der Notwendigkeit zum Realismus bei der Lösung von Problemen.

Gewissenhaftigkeit vs. Flexibilität

Diese Dimension beinhaltet verschiedene Facetten, die allesamt mit menschlicher Leistung und dem individuellen Arbeitsstil verknüpft sind. Es geht u.a. um die Fragen, ob jemand sehr planvoll oder eher spontan an eine Aufgabe heran geht, wie hoch die persönlichen Zielvorstellungen angesetzt werden oder wie stark man sich an Prinzipien orientiert.

Gewissenhafte Menschen gehen die Herausforderungen von Arbeit und Leben strukturiert, planvoll, beharrlich und mit einem gewissen Ehrgeiz an. Sie verfolgen hoch motiviert ambitionierte Ziele und gehen bei deren Verfolgung diszipliniert und systematisch vor. Im Extrem kann Gewissenhaftigkeit allerdings in einem übertriebenen Anspruchsniveau, zwanghafter Ordnungsliebe und der Tendenz zum ungesund viel arbeitenden ‚Workaholic' ausarten.

Schlagwörter zur Beschreibung gewissenhafter Personen:

- Planvoll und strukturiert bei der Bearbeitung einer Aufgabe
- Wohl überlegte Entscheidungsfindung
- Stark ausgeprägtes Leistungsstreben
- Ordnungsliebend
- Disziplinierte Arbeitsweise
- Ausgeprägtes Kompetenzgefühl

Flexible Menschen kennzeichnet ein stärker ausgeprägtes ‚Laissez faire Denken'. Sie gehen sorgloser und entspannter an eine Aufgabe heran als gewissenhafte Menschen, sind flexibler in ihren Überzeugungen und Methoden. Sie können ohne lange Planung spontan Entscheidungen treffen und sind daher häufig Improvisationstalente. Gegenüber gewissen-haften Personen tendieren flexible Personen häufiger zu Flüchtigkeitsfehlern und mangelnder Disziplin.

Schlagwörter zur Beschreibung flexibler Personen:

- Spontane und eher intuitive Entscheidungsfindung
- Flexibilität bei der Beurteilung von Sachverhalten statt Prinzipien
- Tendenz zu Improvisation statt Planung
- Entspannte Lebensführung ohne ambitionierte (Leistungs-)Ziele
- Tendenz, mehrere Aufgaben parallel zu bearbeiten
- Nicht ganz klar definiertes Bild der eigenen Kompetenzen

Die einzelnen Facetten der Dimension:

Kompetenzwahrnehmung vs. niedrige Kompetenz-wahrnehmung

Personen mit einer hohen Ausprägung in dieser Facette nehmen sich selbst als sehr kompetent wahr. Das bedeutet, sie gehen davon aus, dass sie für die vor ihnen liegenden Aufgaben sehr gut gerüstet sind. Personen mit niedrigeren Ausprägungen sind sich dahingehend nicht ganz so sicher und lassen die

Aufgaben erst einmal auf sich zukommen. Im Zweifel müssen sie dann improvisieren, um die Aufgabe zu bewältigen.

Ordnungsorientierung vs. niedrige Ordnungsorientierung

Bei hohen Ausprägungen der Ordnungsorientierung gehen Menschen sehr systematisch an Aufgaben heran. Sie versuchen außerdem alle Dinge in ihrem Leben zu strukturieren und zu ordnen, sei es der Schreibtisch am Arbeitsplatz oder die eigene Wohnung. Im Extrem droht hier allerdings zwanghafter Ordnungswahn. Personen mit sehr niedrigen Ausprägungen schaffen sich am Arbeitsplatz und zu Hause ein ‚kreatives Chaos', gehen flexibel an Aufgaben heran und empfinden ein sehr systematisches Vorgehen häufig als einengend und zu starr.

Prinzipienorientierung vs. flexible Lebensführung

Menschen mit hoch ausgeprägter Prinzipienorientierung haben für sich sehr klare moralische und ethische Prinzipien definiert, an denen sie ihr Handeln stets ausrichten. So tun sie sich z.B. sehr schwer damit, auf irgendeine Art und Weise gegen ihr selbst auferlegtes Arbeitsethos zu verstoßen. Personen, die eine flexible Lebensführung bevorzugen, lassen dagegen schon mal ‚fünfe grade sein'. Sie beurteilen und bewerten jede Situation flexibel, statt auf Grundlage feststehender Prinzipien.

Leistungsorientierung vs. Interessenorientierung

Leistungsorientierung geht mit einem sehr hohen Anspruchsniveau, klaren Vorstellungen über zukünftige Ziele und einer hohen Motivation zum Erreichen dieser Ziele einher. Im Extrem kann dies in einer Vernachlässigung aller anderen Lebensbereiche und einem ‚Burn-out' enden. Personen mit Interessenorientierung droht ein solcher ‚Burn-out' in der Regel nicht, da sie wesentlich entspannter an ihre Aufgaben herangehen und eher mit dem zufrieden sind, was sie haben, statt immer weiter zu streben. Natürlich kann dies bei starken Ausprägungen dazu führen, dass sie ihr wahres Potential nicht realisieren, da sie sich zu schnell mit dem bereits Erreichten zufrieden geben.

Disziplinorientierung vs. Entspanntheit

Menschen mit hohen Werten in der Facette Entspanntheit neigen zur Prokrastination, sie schieben also lästige, unangenehme oder schwierige Tätigkeiten so lange auf, wie dies eben möglich ist. Überdies lassen sie sich bei der Bearbeitung von Aufgaben leichter ablenken und wechseln die Tätigkeit, wenn sie gelangweilt sind. Sie tun sich allerdings häufig leichter mit der parallelen Bearbeitung unterschiedlicher Aufgaben als Menschen mit Disziplinorientierung. Diese streben danach, eine einmal angefangene Aufgabe zu Ende zu bringen, bevor eine neue begonnen wird. Dabei lassen sie sich dann kaum ablenken oder demotivieren.

Spontanität vs. Kontrollorientierung

Personen mit hohen Ausprägungen der Facette Spontanität treffen Entscheidungen häufig eher spontan und ihrer Intuition folgend. Sie sind daher in der Lage, schnell Entscheidungen ohne lange Planungen oder Analysen zu fällen. Dies fällt Menschen mit Ausprägungen der Facette Kontrollorientierung schwer. Sie analysieren eine Situation gründlich und planen ihr Vorgehen systematisch, bevor sie entscheiden und anschließend handeln. Ihnen ist es wichtig, auf eine Situation wie z.B. ein Vorstellungsgespräch oder eine Verhandlung gut vorbereitet zu sein. Spontane Menschen verlassen sich in solchen Situationen auf ihre Handlungsflexibilität.

Motive und Kompetenzen

Neben den Big Five sollten Maßnahmen zur Entwicklung von Persönlichkeit im Sinne der Dispositionstheorie noch weitere Merkmale von Persönlichkeit erfassen. Dabei handelt es sich vor allem um die Motive und Kompetenzen.

Im Folgenden stellen wir Ihnen die zuvor genannten Merkmalsbereiche von Persönlichkeit und deren Verbindung untereinander kurz zusammengefasst vor.

Motive

Es gibt in der Psychologie eine lange Tradition der Erforschung menschlicher Motivation und Motive. Diese sind dabei definiert als die hinter den Charaktereigenschaften und Kompetenzen liegenden Triebkräfte, die uns dazu antreiben, ein bestimmtes Ziel erreichen zu *wollen*. Die Charaktereigenschaften bestimmen dann, *wie* wir dieses Ziel verfolgen, während Kompetenzen maßgeblichen Anteil daran haben, *ob* wir es tatsächlich auch erreichen.

Im Rahmen der Motivationsforschung gibt es nun vor allem drei Motivklassen, für die sehr viele Belege gefunden wurden. Man nimmt daher an, dass dies die drei grundlegenden Motivbereiche sind, die sich in der menschlichen Evolution ausgeformt haben. Im Einzelnen sind es:

- **Das Führungsmotiv** (auch: Machtmotiv): Der Wunsch eines Menschen, Einfluss und Dominanz auszuüben,

Überlegenheit und Stärke zu repräsentieren und für Andere sichtbar zu sein.

- **Das Leistungsmotiv**: Gekennzeichnet durch großen Ehrgeiz und Erfolgsstreben, erhöhte Risikobereitschaft und Durchhaltevermögen.
- **Das soziale Motiv** (auch: Anschlussmotiv): Menschen mit einem stark ausgeprägten sozialen Motiv streben danach, enge Beziehungen zu anderen aufzubauen, aufrechtzuerhalten und wiederherzustellen.

Es fällt auf, dass diese Motive sehr allgemein gehalten sind, weswegen es sinnvoll erscheint, sie noch etwas detaillierter darzustellen. Eine Metaanalyse verschiedenster Studien zu Motiven von Franke und Puppatz (2017) hat die folgenden 9 Motive ausfindig gemacht:

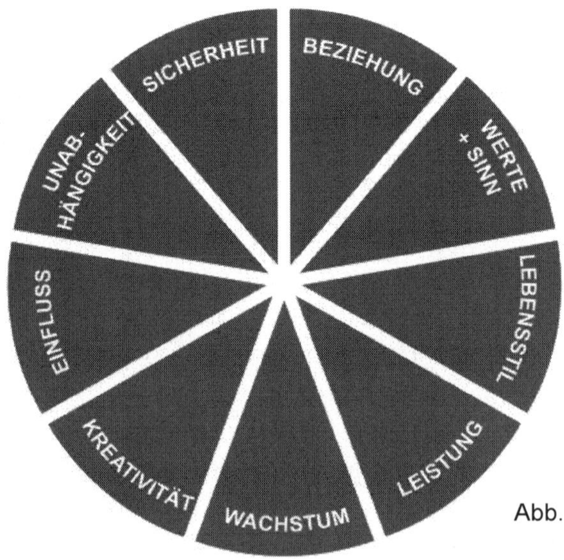

Abb. 4: Übersicht Motive

- **Das Einflussmotiv:** Menschen mit diesem Motiv streben nach Möglichkeiten zur Einflussnahme auf das eigene Leben und Umfeld. Sie sehnen sich nach einem positiven Selbstwertgefühl durch Prestige und Anerkennung, sowie nach Führungspositionen, die Verantwortung, Sichtbarkeit und Macht beinhalten. Darüber hinaus streben sie nach Überlegenheit und Dominanz in sozialen Situationen und versuchen, nach außen Stärke und Sicherheit zu demonstrieren.
- **Das Kreativitätsmotiv:** Geprägt vom Ausleben des eigenen kreativen Potentials, dem Erarbeiten völlig neuer Problemlösungen für komplexe Herausforderungen und der Befriedigung der eigenen Neugier durch Aneignen neuen Wissens. Menschen mit diesem Motiv zeichnen sich außerdem durch eine selbstständige und unorthodoxe Denkweise, ohne Beschränkungen und Vorgaben, aus.
- **Das Wachstumsmotiv:** Das Streben nach persönlichem und beruflichen Wachstum und ständiger Weiterentwicklung steht hier im Vordergrund. Diese Menschen wollen immer größere Herausforderungen in allen Lebensbereichen meistern und Ziele erreichen, die zunächst unerreichbar erscheinen. Dazu gehört auch das Austesten und Verschieben von eigenen Grenzen im

Wettbewerb. Fest verwurzelt ist der Wunsch bei ihnen, das Besondere zu erreichen.

- **Das Beziehungsmotiv:** Im Vordergrund stehen bei diesen Menschen der Aufbau, die Aufrechterhaltung und die Wiederherstellung von Beziehungen. Wichtig ist ihnen die Zugehörigkeit zu einem sozialen Netz, denn sie brauchen die Gemeinschaft, Geselligkeit und Geborgenheit, die eine Gruppe ihnen bieten kann. Freundschaft und Loyalität innerhalb ihrer Gemeinschaft wird großgeschrieben und das gemeinschaftliche Erreichen von Zielen wird idealisiert.
- **Das Sicherheitsmotiv:** Zeichnet sich aus durch das Streben nach einer möglichst stabilen Lebenssituation mit einer festen Partnerschaft, sowie langfristigen und belastbaren Freundschaften. Hoch im Kurs steht ein gesicherter Arbeitsplatz. Diese Menschen nehmen Vorzug mit sicheren Wohnorten ohne Kriminalitätsprobleme und einer verlässlichen Justiz.
- **Das Unabhängigkeitsmotiv:** Menschen mit starker Ausprägung legen ein hohes Maß an Eigeninitiative und Autonomie, bezüglich sämtlicher wichtiger Lebensbereiche, an den Tag. Wie beim Wachstumsmotiv wird Wert auf das persönliche Wachstum gelegt,

aber es steht der Aspekt der Selbstverwirklichung im Vordergrund. Besonders geschätzt wird die selbständige Erfüllung von Aufgaben und das Vorhandensein eines Entscheidungsspielraums. Einige verspüren den Impuls, sich beruflich selbstständig zu machen.

- **Das Leistungsmotiv:** Durch einen ausgeprägten Ehrgeiz wird das Streben nach Erfolg ausgedrückt. Diese Menschen trachten nach der Aneignung von Fachkompetenz und der kompetenten Ausführung ihnen übertragener Aufgaben. Ein positives Selbstwertgefühl wird bei ihnen durch, von ihnen erbrachte, Leistung hervorgerufen. Darüber hinaus nutzen sie ihre Leistungen, um sich von anderen zu differenzieren.
- **Das Lebensstilmotiv:** Die Integration privater und familiärer Bedürfnisse in die Karriereplanung wird angestrebt. Ersehnt wird ein erfülltes Leben voller positiver Eindrücke und Zufriedenheit. Diese Menschen erhoffen sich Unterstützung, seitens des Arbeitgebers, bei einer gesunden Balance aus Arbeit und Erholung (Work-Life-Balance). Eine Orientierung an modernen Modellen der Lebensführung ist bei ihnen keine Seltenheit.

- **Das Wertmotiv:** Favorisierung einer Tätigkeit, die den eigenen Werten entspricht und es möglich macht, diese auch mit Leben zu füllen. Menschen mit diesem Motiv suchen einen, eigens wahr-genommenen, Sinn in ihrer Tätigkeit. In ihrem Umfeld und beim Nachkommen ihrer Aufgaben streben sie nach Akzeptanz für ihren Idealismus, um diesen möglichst nicht unterdrücken zu müssen.

Da Motive ein integraler Bestandteil der Persönlichkeit sind und erst durch die Erfassung und Darstellung der hinter dem Verhalten liegenden Motive ein tiefergehendes Verständnis der eigenen Persönlichkeit – und somit deren Weiterentwicklung – möglich wird, sollten sie im Rahmen von Persönlichkeitsentwicklungsinstrumenten erfasst und dargestellt werden. Gleiches gilt auch für die Kompetenzen.

Kompetenzen

Unter einer Kompetenz ist aus psychologischer Perspektive ein Bündel von Fähigkeiten, Fertigkeiten und Wissenselementen zu verstehen, das ein Individuum zur Lösung eines komplexen Problems befähigt. Kompetenzen sind,

- *mit Leistung verbunden.* Sie ermöglichen Leistung. Je stärker die Kompetenz in einem Bereich ausgeprägt ist, desto größer ist die potentielle Leistungsfähigkeit in diesem Bereich.

- *erlernt.* Sie können ausgebaut und trainiert werden. Das unterscheidet sie z.B. von anderen psychologischen Konzepten, wie Begabung oder Talent.
- *jeweils auf ein Kompetenzfeld bezogen.* Unterschiedliche Kompetenzen befähigen jeweils zu Leistungen in einem bestimmten Bereich. So ermöglichen soziale Kompetenzen z.B. eine erfolgreiche Kontaktaufnahme zu potentiellen Kunden, während Methodenkompetenzen dabei helfen, diese fachlich zu überzeugen.

Um einen Mehrwert in der Persönlichkeitsentwicklung zu generieren, müssen die unterschiedlichen Kompetenzen sinnvoll strukturiert werden. Zur Darstellung und Analyse berufsbezogener Kompetenzen hat sich dabei die folgende Systematisierung bewährt, bei der drei Oberkategorien gebildet werden:

- **Methodenkompetenzen**: Diese Kategorie enthält alle Kompetenzen, die mit der kompetenten Umsetzung beruflicher Arbeit verbunden sind.
- **Soziale Kompetenzen**: In dieser Kategorie finden sich diejenigen Kompetenzen, die für eine erfolgreiche Zusammenarbeit mit Kollegen, Mitarbeitern, Klienten und Geschäftspartnern benötigt werden.
- **Persönliche Kompetenzen**: Hiermit sind diejenigen Kompetenzen gemeint, die benötigt werden, um die Anforderungen und Belastungen der Arbeitstätigkeit erfolgreich zu meistern.

Wie zuvor bei den Motiven, erscheint es auch bei den Kompetenzen sinnvoll, diese etwas detaillierter darzustellen und zu erfassen. Eine Analyse diverser Kompetenzmodelle (Franke und Puppatz, 2017), hat die folgenden 25 Kompetenzen hervorgebracht:

- **Analysieren**
- **Durchsetzungs-vermögen**
- **Eigeninitiative**
- **Empathie**
- **Entscheiden**
- **Führung**
- **Ganzheitliches Denken**
- **Innovations-kompetenz**
- **Interkulturelle Kompetenz**
- **Konfliktkompetenz**
- **Konzentrations-vermögen**
- **Kreativität**
- **Netzwerken**
- **Planungs-kompetenz**
- **Rationalität**
- **Reflexions-vermögen**
- **Selbstdisziplin**
- **Selbstfürsorge**
- **Selbstständiges Denken**
- **Sicheres Auftreten**
- **Teamfähigkeit**
- **Überzeugungs-vermögen**
- **Veränderungs-kompetenz**
- **Verantwortungs-bewusstsein**
- **Zielstrebigkeit**

Kapitel 3

Kulturelle Grundlagen

Eine der geläufigsten Definitionen von Kultur ist folgende:

> „Kultur ist ein universelles, für eine Gesellschaft, Organisation und Gruppe aber sehr typisches Orientierungssystem. Dieses Orientierungssystem wird aus spezifischen Symbolen gebildet und in der jeweiligen Gesellschaft usw. tradiert. Es beeinflusst das Wahrnehmen, Denken, Werten und Handeln aller ihrer Mitglieder und definiert somit deren Zugehörigkeit zur Gesellschaft. Kultur als Orientierungssystem strukturiert ein für die sich der Gesellschaft zugehörig fühlenden Individuen spezifisches Handlungsfeld und schafft damit die Voraussetzungen zur Entwicklung eigenständiger Umweltbewältigung." (Thomas, 2003, S. 380)[5]

Kultur bietet uns also Orientierung bei der Kommunikation mit Mitgliedern des eigenen Kulturkreises. Dies bedeutet:

- Wir können das Verhalten der Anderen automatisch richtig interpretieren
- Wir wissen wie man sich im Umgang mit Anderen zu verhalten hat
- Wir haben kulturell geprägte Werte verinnerlicht, die uns darauf hinweisen, welche Ziele im Leben besonders wichtig sind und wonach wir streben sollten

---

[5] Thomas, A. (2003): siehe Quellenverzeichnis

Es gibt hier allerdings ein Problem. Menschen aus anderen Kulturen haben andere Regeln und Werte verinnerlicht. Wenn wir uns dessen nicht bewusst sind, verstehen wir ihr Verhalten möglicherweise falsch, da wir es im Lichte unserer eigenen kulturellen Prägung beurteilen. Dann drohen Missverständnisse und Konflikte. Aber selbst für Menschen, die sich der kulturell unterschiedlichen Prägung von Verhaltensstilen bewusst sind, stellen interkulturelle Begegnungen – vor allem im Arbeitsleben – eine große Herausforderung dar, denn interkulturelle Begegnungen – und natürlich im Besonderen Auslandsaufenthalte – gehen immer mit dem Erleben von Fremdheit einher. Die meisten Menschen reagieren (evolutionsbedingt) auf solche Situationen mit Vorsicht, Misstrauen oder sogar offener Ablehnung. Unbekanntes könnte potentiell gefährlich sein, Vertrautes kann ich einschätzen. Internationale Kontakte und Engagements sind aus den genannten Gründen leider sehr häufig keine Erfolgsgeschichten.

Dies gilt für internationale Projekte, von denen bis zu 80% scheitern, für berufliche Auslandsaufenthalte, aber auch für die Arbeit von Behördenmitarbeitern mit ausländischen Kunden, um nur einige Bereiche zu nennen.

TpL kann hier einen wichtigen Beitrag zur Verbesserung der Erfolgsquoten leisten. Entscheidend für den Erfolg interkultureller Kontakte ist die Fähigkeit der handelnden Personen, mit den Herausforderungen interkultureller Begegnungen kompetent umgehen zu können. Dementsprechend ist interkulturelle Kompetenz folgendermaßen definiert:

„Unter Interkultureller Kompetenz versteht man die Fähigkeit, den interkulturellen Handlungsprozess so (mit)gestalten zu können, dass Missverständnisse vermieden oder aufgeklärt werden können und gemeinsame Problemlösungen kreiert werden, die von den beteiligten Personen akzeptiert und produktiv genutzt werden können" (Thomas, 2003, S. 140)[6].

Möchte man mehr über interkulturelle Kompetenz erfahren, muss man sich mit den Unterkategorien, also den Fähigkeiten und Fertigkeiten, beschäftigen, die in ihrer Kombination die beschriebene Kompetenz bilden. Hier gibt es eine ganze Reihe von Vorschlägen, welche Kompetenzbereiche denn die richtigen zur Beschreibung interkultureller Kompetenz sind. Wir haben daher eine Metaanalyse durchgeführt, in die die Daten aller relevanten bisher erschienenen Studien zu diesem Thema eingeflossen sind. Ergebnis waren folgende fünf Unterkategorien:

1. Empathie
2. Offenheit
3. Stressresistenz
4. Kommunikationsfähigkeit
5. Handlungsflexibilität

Diese fünf Kompetenzbereiche bilden offensichtlich die Basis für interkulturell kompetentes Handeln. Um in einem TpL-Gespräch einen Nutzen aus diesen Kompetenzbereichen

[6] Thomas, A. (2003): siehe Quellenverzeichnis

ziehen zu können, ist es wichtig genau zu wissen, was diese Bereiche meinen und dieses Verständnis mit dem Klienten zu teilen, um eine gemeinsame Basis der wichtigsten Begrifflichkeiten herzustellen. Darüber hinaus müssen die individuellen Ausprägungen der Kompetenzbereiche dann beim Klienten mit einem leistungsfähigen Tool erfasst werden.

Die Kompetenzbereiche im Detail

Im Folgenden finden Sie eine Beschreibung der einzelnen Kompetenzbereiche:

„Empathie“ besteht aus folgenden Elementen:

- Ein ausgeprägtes Bewusstsein dafür, dass es überhaupt kulturelle Unterschiede gibt und dass diese eine Wirkung haben
- Die Fähigkeit, sich in den ausländischen Counterpart hineinversetzen zu können
- Die Kompetenz des Perspektivenwechsels, also die Fähigkeit, die Welt bei Bedarf mit den Augen eines anderen Menschen sehen zu können
- Die kritische Reflexion der eigenen kulturellen Identität und der Wirkung des eigenen kulturellen Backgrounds auf andere Personen

„Offenheit" besteht aus folgenden Elementen

- Eine ausgeprägte Neugier auf andere Personen / neue Situationen
- Eine grundsätzliche Unvoreingenommenheit gegenüber neuen Situationen und unbekannten Menschen
- Wertneutrales Denken und Verhalten, dies beinhaltet auch Wertschätzung, Würdigung und Respekt für andere Kulturen und Menschen
- Toleranz und Akzeptanz anderer Verhaltensweisen, auch wenn diese von eigenen Standards abweichen

„Stressresistenz" besteht aus folgenden Elementen:

- Eine grundsätzliche emotionale Stabilität
- Ein guter und gelassener Umgang mit all den Widrigkeiten im Gastland
- Eine hohe Ambiguitätstoleranz, d.h. die Fähigkeit, Widersprüchlichkeiten bzw. Dinge, die man nicht versteht, zu ertragen
- Die Fähigkeit, stets die Ruhe und einen kühlen Kopf zu bewahren. Dazu gehört auch, Geduld aufzubringen, wenn Dinge nicht so laufen, wie man es erwartet
- Die Fähigkeit, nicht allzu schnell in Zweifel, Ängste etc. zu verfallen

„Kommunikationsfähigkeit“ besteht aus folgenden Elementen:

- Ein grundsätzliches Geschick und eine hohe Effektivität in der Kommunikation
- Aktives Zugehen auf andere (auch fremde) Personen
- Reges Knüpfen von Kontakten, Spaß am Aufbau von Netzwerken
- Die Fähigkeit, schnell das Vertrauen von anderen Personen zu gewinnen und Beziehungen aufzubauen
- Quantität und Qualität der Kommunikation ist generell hoch

„Handlungsflexibilität“ besteht aus folgenden Elementen:

- Die Fähigkeit, sich schnell auf neue, ungewohnte Situationen einstellen zu können
- Die Kompetenz, das Handeln schnell und effektiv an neue Gegebenheiten im Gastland anpassen zu können
- Über ein großes Repertoire an Handlungsstrategien zu verfügen und nicht zu denken, dass es „den einen richtigen Weg“ gibt
- In der Lage zu sein, Pläne und Ideen etc. schnell zu verwerfen und etwas Neues zu entwickeln, wenn man merkt, dass Dinge nicht so funktionieren wie geplant.

Interkulturelle Sensibilisierung

Will man Menschen dabei unterstützen, sich in interkulturellen Situationen kompetent zu verhalten, bestehen erste Schritte in der Sensibilisierung für das Thema Kultur und der Reflexion der eigenen interkulturellen Persönlichkeit – vielen Menschen ist tatsächlich nicht bewusst, was kulturelle Prägung bedeutet und wie Kultur auf Verhalten einwirkt.

Was sind nun die Bausteine einer ‚interkulturellen Persönlichkeit'? Grafik 1 zeigt unser 3-Ebenen Modell der interkulturellen Persönlichkeit. Es ist Ergebnis der Analyse sämtlicher internationaler Forschungsdaten, die wir in unserer 10-jährigen Forschungstätigkeit gewonnen haben und ermöglicht die Analyse des grundsätzlichen Ansatzes, den jemand angesichts internationaler Herausforderungen verfolgt.

Folgende Fragen werden beantwortet:

1. Ihre grundlegende Einstellung zur Arbeit im inter-nationalen Kontext (mit den beiden Ausprägungen Globale Orientierung vs. Lokale Orientierung)

2. Ihre Einstellung zur Zusammenarbeit mit Kolleginnen und Kollegen im internationalen Kontext (mit den beiden Ausprägungen Aufgabenorientierung vs. Beziehungs-orientierung)

3. Ihre bevorzugte Strategie zur Problembewältigung im internationalen Kontext (mit den beiden Ausprägungen Handlungsorientierte Problembewältigung vs. Einstellungs-orientierte Problembewältigung)

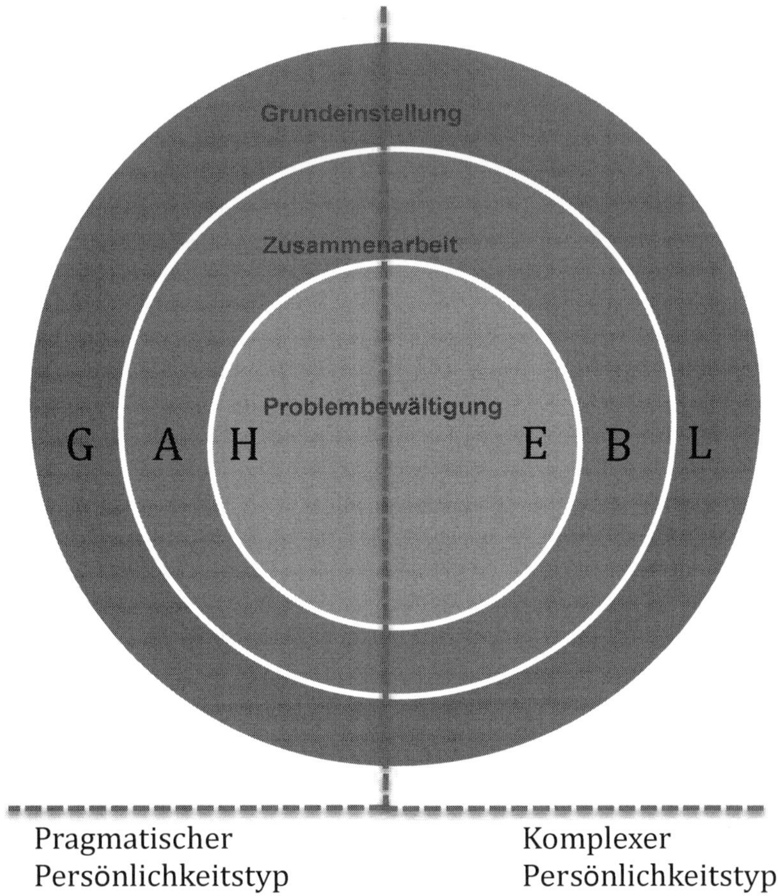

Grafik 1: 3-Ebenen Modell der interkulturellen Persönlichkeit

Globale Orientierung vs. Lokale Orientierung

Bezüglich der generellen Einstellung zur Arbeit in einem internationalen Kontext gibt es zwei grundlegende Präferenzen von Menschen, die ihr Verhalten in einer Vielzahl von international bzw. interkulturell geprägten Situationen beeinflussen: Die globale und die lokale Orientierung.

Globale Orientierung

Diese Orientierung beschreibt die Einstellung, dass die Zusammenarbeit im internationalen Kontext einheitlichen, bereits bewährten Standards und Regeln folgen oder folgen sollten. Eine Ausrichtung oder Anpassung von Arbeitsweisen an lokale Bedürfnisse und Gegebenheiten ist somit nur bedingt erforderlich, um in einem internationalen Arbeitsumfeld erfolgreich tätig zu sein.

Lokale Orientierung

Diese Orientierung beschreibt die Einstellung, dass in jeder Kultur andere Gesetze, Regeln und Maßstäbe gelten. Daher ist es wichtig, auf zu starke Vereinheitlichungen zu verzichten und stattdessen die Besonderheiten jedes Landes und jeder Kultur zu berücksichtigen und mehr oder weniger umfangreiche Anpassungen an lokale Gegebenheiten vorzunehmen.

Aufgabenorientierung vs. Beziehungsorientierung

In der Zusammenarbeit mit anderen Personen in einem internationalen Kontext unterscheiden sich Menschen danach, wie sie ihre Prioritäten setzen, um die beruflichen Ziele erreichen. Je nach Orientierung kann dabei der Umgang mit anderen Personen aufgaben- oder beziehungsorientiert sein.

Aufgabenorientierung

Menschen, die aufgabenorientiert sind, geht es in erster Linie „um die Sache“. Für sie stehen im internationalen Kontext der Zweck und das Ziel einer Aufgabe sowie deren Erfüllung im Vordergrund. Dementsprechend sind Kommunikation und die generelle Zusammenarbeit von sachlich-inhaltlichen Themen geprägt, während andere Aspekte wie persönliche Befindlichkeiten, Kontaktpflege oder die Gesprächsatmosphäre oft in den Hintergrund treten.

Beziehungsorientierung

Für Menschen, die beziehungsorientiert sind, sind ein gutes kollegiales Miteinander, ein freundlicher Umgang sowie eine gute Arbeitsatmosphäre zentrale Aspekte für die gemeinsame Zielerreichung im internationalen Kontext. Durch empathische Kommunikation gestalten sie aktiv die Beziehung zu ihren Mitmenschen. Sie verfügen dabei oftmals über eine hohe soziale Kompetenz und Fingerspitzengefühl.

Handlungsorientierte Problemlösung vs. Einstellungsorientierte Problemlösung

Sind Menschen mit stressigen Situationen oder Problemen konfrontiert, die gerade im internationalen Kontext verstärkt auftreten können, setzen sie unterschiedliche Strategien ein, um diese zu bewältigen. Die Bewältigung kann dabei handlungsorientiert oder einstellungsorientiert erfolgen.

Handlungsorientierte Problemlösung

Um Stress- oder Problemsituationen erfolgreich zu bewältigen, liegt der Hauptfokus handlungsorientierter Personen darauf, die Stressursache aktiv anzugehen und zu beheben oder möglichst schnell eine inhaltliche Lösung für ein Problem zu finden. Zu den bevorzugten Strategien zählen hierbei die Problemanalyse, die Generierung von Lösungsmöglichkeiten und deren Umsetzung. Auch die Häufigkeit eines auftretenden Stressors zu reduzieren, kann als eine handlungsorientierte Strategie betrachtet werden.

Einstellungsorientierte Problemlösung

Einstellungsorientierte Menschen reduzieren ihr persönliches Stressempfinden vor allem dadurch, dass sie ihren Umgang mit den stressauslösenden Situationen verbessern. Dies erreichen sie, indem sie ihre Einstellung zum Problem verändern und z.B. das Problem als Herausforderung betrachten. Eine weitere Möglichkeit ist das gezielte Integrieren von Pausen, um ihr Energielevel wieder-herzustellen, die bewusste Regulierung ihrer Emotionen oder auch das Suchen von Ablenkung, um das Problem nicht zu sehr „an sich heranzulassen".

Vergleich von Verhaltenspräferenzen mit Kulturstilen

Neben interkultureller Kompetenz und allgemeiner Persönlichkeitsvariablen sollten zur Vorbereitung internationaler Kontakte auch konkrete Verhaltenspräferenzen in typischen Herausforderungen analysiert werden, die internationale Begegnungen mit sich bringen.

Beispiel Geschäftsleben: Wenn ich mit ausländischen Kunden erfolgreich verhandeln möchte, ausländische Mitarbeiter kompetent führen möchte oder erfolgreich mit ausländischen Kollegen in einem Team zusammenarbeiten möchte, dann muss ich mich auf solche konkreten Situationen gezielt vorbereiten und auch entsprechendes Hintergrund-wissen zu den typischen Verhaltenspräferenzen der Partner aus dem Ausland haben. Diese Präferenzen ergeben sich aus der Kombination meiner Persönlichkeit mit den sogenannten Kulturstandards, die sich von Land zu Land unterscheiden und z.B. festlegen, wie in einem Land typischerweise geführt wird.

Kulturstandards sind konkrete Bewertungs- und Verhaltensstandards innerhalb einer Kultur. Ein den deutschen Kulturstandards (z.B. Pünktlichkeit, Ehrlichkeit, Direktheit) entsprechendes Verhalten wird von Deutschen als “richtig“ und “akzeptabel“ empfunden, demgegenüber wird ein vom Standard abweichendes Verhalten abgelehnt.

Die Kenntnis dieser von Prof. Alexander Thomas eingeführten Standards und deren Auswirkungen in den Situationen, die für mich relevant sind, erleichtert mir den Umgang mit ausländischen Kollegen, Kunden und Mitarbeitern immens. Noch besser allerdings ist es, wenn ich direkt die Unterschiede zwischen meinen Verhaltenspräferenzen in einem Bereich und denen meiner ausländischen Partner erkennen kann. Dann kann ich mich gezielt auf die Bereiche vorbereiten, in denen die größten Abweichungen vorliegen und die deshalb höchstwahrscheinlich in der Praxis zu Konflikten führen könnten. Genau diese Art der Vorbereitung ist mit leistungsfähigen Analysetools möglich (siehe Abb. 6, Seite 90).[7]

Kulturschock

Eine noch größere Herausforderung als der reine Kontakt mit ausländische Kollegen oder Mitarbeitern ist der langfristige Aufenthalt in einem fremden Land, z.B. als Auslands-entsandter (Expatriate) eines Unternehmens. Hier zeigt sich in der Regel nach kurzer Zeit ein Phänomen, das mit dem Begriff ‚Kulturschock' treffend beschrieben ist.

Ein Kulturschock ist tatsächlich eine medizinisch anerkannte, diagnostizierbare psychologische Erkrankung! Die Symptome sind bei jedem Menschen unterschiedlich stark ausgeprägt und äußern sich in 3 Bereichen:

- **Körperliche Verfassung** (Schlafstörungen, Appetitlosigkeit etc.)
- **Bereich des Erlebens** (Verärgerung und Misstrauen gegenüber Vertretern der Gastkultur, Sorgen um den eigenen Gesundheitszustand, Wutausbrüche bei geringfügigen Anlässen, Erfahrung der Entwurzelung, Selbstmitleid etc.)
- **Verhaltensbereich** (Leistungsdefizite, Kreativitätsabfall, Abkapselung gegenüber Einheimischen, erhöhter Alkoholkonsum etc.)

---

[7] z.B. CULTURE_ID Profile, siehe www.linc-institute.de/culture-id

Die Ursachen für einen Kulturschock sind dabei vielfältig:

- Überlastung aufgrund der Kumulation von Anpassungsanforderungen
- Verlustgefühle durch die Trennung von gewohnten Verstärkern
- Gefühle der Ablehnung durch Angehörige der Gastkultur
- Verunsicherung hinsichtlich der eigenen Identität und Rolle (Identitätskonflikte beeinflussen das Selbstvertrauen und das psychologische Wohlbefinden)
- Überwältigung durch das Ausmaß an Andersartigkeit und Hilflosigkeit aufgrund fehlender Bewältigungsmöglichkeiten

Die beschriebenen Ursachen, die Symptome und natürlich mögliche Gegenmaßnahmen können Gegenstand eines Entwicklungsgesprächs im Rahmen des TpL sein. Zu beachten ist dabei der typische Verlauf der emotionalen Stimmungslage eines Expatriates während eines Auslandsaufenthaltes:

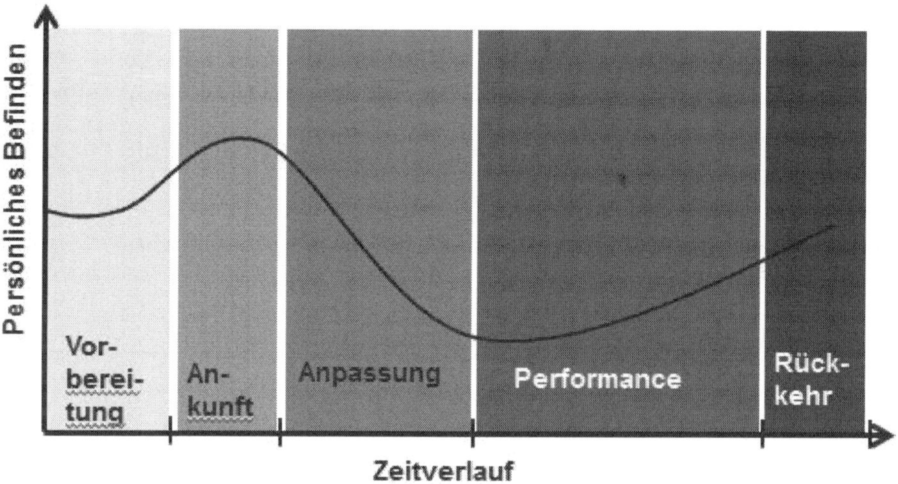

Abb. 5: Kulturschockkurve

Ziel des Entwicklungsgesprächs ist es, dafür zu sorgen, dass die individuelle Stimmungskurve in der Anpassungsphase möglichst schnell und möglichst weit nach oben geführt werden kann. Verbleibt diese Kurve zu lange auf einem niedrigen Niveau (genannt ‚Tal der Verzweiflung'), droht im schlimmsten Fall eine Depression.

Mögliche Themen für Toolbasiertes personalisiertes Lernen im Bereich interkultureller Kontakte sind somit u.a.:

- Sensibilisierung für die eigene kulturelle Grundausrichtung
- Reflexion und Entwicklung der eigenen interkulturellen Kompetenz

- Bearbeitung von Konflikten mit internationalen Kunden, Kollegen und Mitarbeitern
- Vorbereitung auf internationale Kontakte durch Analyse der eigenen Verhaltenspräferenzen im Vergleich zu fremdkulturellen Verhaltensstilen
- Bearbeitung von Anpassungsschwierigkeiten im Rahmen von Auslandsaufenthalten (Kulturschock)
- Entwicklung international besetzter Teams

Teil 2 – Die Bausteine des TpL

Kapitel 4

Die Analysetools: Fundierung, Gütekriterien, Datenbasis

Wie bereits beschrieben, sind die Ansprüche an Analysetools im TpL sehr hoch, schließlich sollen die Tools tatsächlich aussagekräftige Daten als Basis der Entwicklungsgespräche liefern. Erfüllen die Tools diese Ansprüche nicht, handelt es sich nur um oberflächliche oder schlimmstenfalls unpassende Informationen zur Person des Klienten.

Welche Kriterien müssen die Tools nun im Einzelnen erfüllen?

- Theoretische Fundierung: Die Tools müssen zunächst aus Theorien und Modellen abgeleitet werden, die tatsächlich wissenschaftlichen Ansprüchen genügen. Das heißt, die theoretische Grundlage muss dem vorliegenden Stand der Wissenschaft entsprechen und von einer Vielzahl der führenden Psychologen anerkannt sein, statt auf intuitiv abgeleiteten Erklärungsmodellen oder populären, aber nicht empirisch bestätigten Modellen – wie z.B. Carl Gustav Jungs Typentheorie – zu basieren.

- Ausreichende Datenbasis: Neben der Güte der genutzten Theorien müssen die verwendeten Modelle auch auf einer ausreichend großen Datenbasis aufbauen. Das bedeutet, die Größe der Personen, die zur Modellbildung und zur Generierung von Scores,

Typen oder Stufeneinteilungen herangezogen werden, sollte mindestens im vierstelligen Bereich liegen.

- Nachvollziehbarkeit: Es sollte für den Interessierten nachvollziehbar sein, wie genau die Ergebnisse berechnet werden. Dafür muss nicht jede Formel und jeder Algorithmus offengelegt werden, aber der Weg von den Daten zum Ergebnis muss verständlich sein.

- Güte der Messung: Die klassischen Gütekriterien der psychologischen Diagnostik gelten natürlich auch für die im TpL verwendeten Analysetools. Hierzu zählen:

    - Reliabilität: Die Messgenauigkeit der Ergebnisse, ausgedrückt durch die Qualität der verwendeten Sets an Fragen/Statements. Die Reliabilität muss mit geeigneten statistischen Maßen überprüft und dargelegt werden.
    - Validität: Die Zulässigkeit der Messung gibt Auskunft darüber, ob auch wirklich das erhoben und dargestellt wird, was gemessen werden soll. Validität ist vor allem durch die Übereinstimmung der Ergebnisse mit anderen, verwandten Ergebnissen, die Qualität der genutzten theoretischen Basis oder die Einschätzung der Teilnehmer zu ihren Ergebnissen nachweisbar.
    - Objektivität: Die Ergebnisse sollten von der Person des Auswertenden unabhängig sein. Hier ist eine standardisierte, möglichst digitalisierte Auswertung der Ergebnisse anzustreben.

- Akzeptanz: Einige rein wissenschaftlich ausgerichtete Tools erfüllen zwar die erstgenannten drei Kriterien, fallen aber aufgrund der Natur der Fragesets oder der Ergebnisse bei den Klienten durch und erzielen daher keine nachhaltige Wirkung bzw. werden sogar offen abgelehnt. Dies geschieht z.B. bei zu ‚klinisch' anmutenden Fragen/Statements oder zu negativ bzw. tendenziös formulierten Ergebnistexten.

Die CULTURE_ID und PERSONALITY PROFILER Tools als Beispiel für qualitativ hochwertige TpL-Analysetools

Mit den CULTURE_ID und PERSONALITY PROFILER Analysetools möchten wir Ihnen an dieser Stelle einige qualitativ hochwertige Tools für TpL-Entwicklungsprozesse vorstellen.

Theoretische Grundlage beider Toolsets sind zunächst die in Kapitel 1 vorgestellten theoretischen Modelle der Dispositions-theorie, der Big Five und des KPS-Modells.

Das Tool PERSONALITY PROFILER erfasst im Kern die Big Five (in den Dimensionen wie in Kapitel 2 dargestellt). Über statistisch nachgewiesene Korrelationen kann dann auf andere Bereiche der Persönlichkeit, wie die Kompetenzen oder die Motive, geschlossen werden, da diese in direkter Verbindung mit den Big Five stehen. Daraus wird ersichtlich, dass der PERSONALITY PROFILER es vermag, die gesamte Spannweite von Persönlichkeit zu erfassen und somit auch das Konstrukt Persönlichkeit in seiner Gänze abzubilden. Für diese

Verbindungen zwischen den Big Five, Motiven und Kompetenzen existiert zudem eine schier unüberschaubar große Anzahl an Belegen aus mehreren tausend Studien mit mehreren Millionen Teilnehmern [8]. Eine solide wissenschaftliche Fundierung des Tools ist folglich gegeben. Zudem verfügt der PERSONALITY PROFILER über eine durchschnittliche Skalenreliabilität von 0.82, was für eine sehr gute Messgenauigkeit spricht.

Im Gegensatz zu den meisten anderen Persönlichkeitsfragebögen, weist der PERSONALITY PROFILER außerdem eine vergleichsweise geringe Verfälschbarkeit auf, da er sich eines ipsativen Antwortformats bedient. Dieses funktioniert nach dem Forced Choice - Prinzip.

Darüber hinaus liefert das Tool dem Anwender, an Stelle eines abstrakten und nicht greifbaren Ergebnisses, einen ausführlichen und praxisbezogenen Ergebnisreport, personalisierte Informationen, Hilfestellungen sowie konkrete Anleitungen zur persönlichen Weiterentwicklung. Dadurch wird eine echte und nachhaltige Persönlichkeitsentwicklung auf Basis des individuellen Ergebnisreports möglich, was den Nutzen des Instrumentes weit über den eines reinen Informationstools hebt. Zu diesem Zweck wurde viel Wert auf Verständlichkeit und Güte der Texte, Übersichtlichkeit der Grafiken und Einprägsamkeit der Ergebnisse gelegt, um jedem Anwender einen echten Mehrwert zu garantieren.

Aufgrund dieser Anwenderfreundlichkeit, kann für den PERSONALITY PROFILER eine ausgeprägte Akzeptanz

---

[8] Eine Auswahl der entsprechenden Studien und Forschungsprojekte, die diese Zusammenhänge belegen, findet sich unter www.linc-institute.de

festgehalten werden. Vorhandene wissenschaftlich geprägte Instrumente im Bereich Persönlichkeit sind dagegen für den psychologischen Einsteiger häufig schlicht zu kompliziert, wenig ansprechend gestaltet und es fehlen weiterführende, erklärende Texte.

Bei den CULTURE_ID Tools haben wir im Rahmen des seit über zehn Jahren andauernden Forschungsprojekts SmartGlobalizing [9] Grundlagenforschung betrieben, um eine ganz neue Art von Daten zu generieren. Nämlich konkrete Daten zu landesspezifischen Verhaltenspräferenzen in den [10]zehn wichtigsten Bereichen menschlicher Zusammenarbeit. Wie in Abbildung 6 auf Seite 88 ersichtlich haben wir dazu mehr als 5.000 Fallstudien erhoben und ausgewertet. Weitere Bestimmungsmerkmale der selbst durchgeführten Studie waren:

- Sämtliche Daten stammen direkt aus der internationalen Praxis, von international tätigen Geschäftsleuten

- Die Informationen wurden bilateral erhoben, also sowohl von Deutschen als auch internationalen Partnern aus über 50 Nationen

- Erhebung der Fallstudien mittels der *Critical Incidents Technik* nach Flannagan (Methode der kritischen Ereignisse, bei der von den Interviewten berichtete Einzelereignisse erhoben und zu typischen Themen zusammengefasst (geclustert) werden

---

[9] www.smartglobalizing.de
[10] abb

- Auswertung der Daten mit der neu konzipierten Methode der *qualitativen Inhaltsanalyse* (welche Themen überwiegen in den einzelnen Ländern?) und einer klassischen *Faktorenanalyse* (um Cluster über alle Länder hinweg zu bilden und in einem Analysetool zusammenzufassen)

- So wurden aus den 5.000 Fallstudien u.a. die 10 wichtigsten Tätigkeitsfelder internationaler Zusammenarbeit (die sogenannten ‚10 Fields of Interaction') mit 52 konkreten Aktivitäten herausgefiltert

- Die Güte der Tools (Reliabilität, Validität, Objektivität) wird kontinuierlich wissenschaftlich überprüft

Durch dieses aufwendige Vorgehen entstand im Gegensatz zu allen bisher eingesetzten Tools ein wirklich empirisch fundierter Ansatz, statt einem intuitiv entwickelten Modell ohne empirischen Nachweis zu dessen Gültigkeit.

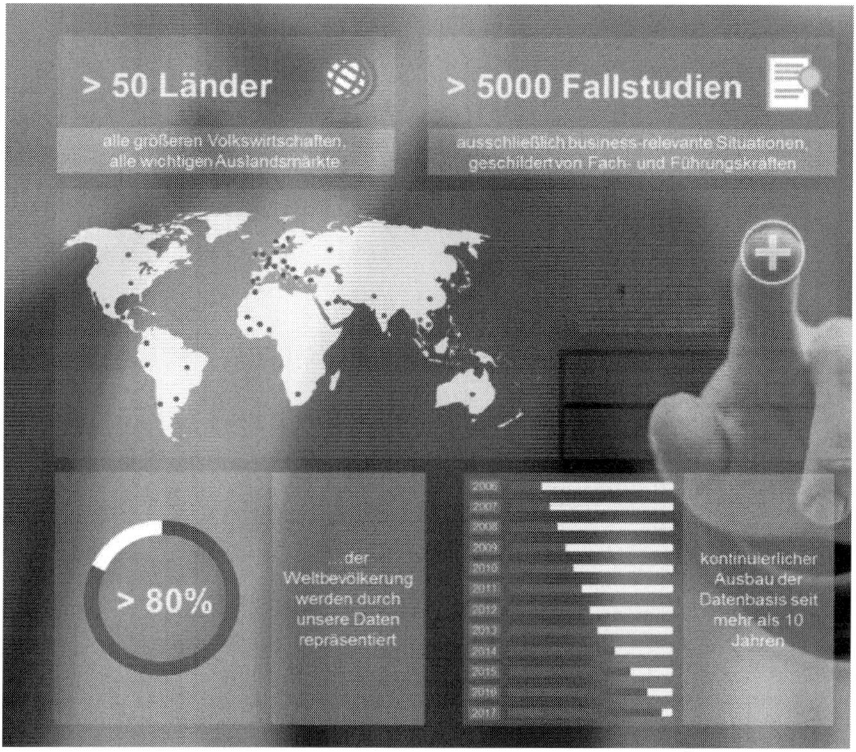

Abb. 6: Datenbasis CULTURE_ID

Die in CULTURE_ID genutzten Themenfelder repräsentieren nicht nur die tatsächlich wichtigsten Themenfelder internationaler Zusammenarbeit, es wird auch möglich, die Verhaltenspräferenzen des einzelnen Klienten mit den typischen Verhaltensstilen der Bewohner von über 50 Ländern abzugleichen, prägnante Unterschiede darzustellen und darauf aufbauend Entwicklungsperspektiven plus Handlungsstrategien zu definieren (siehe Abb. 7, Bild 1, S. 90).

Kapitel 5

Der Ergebnisreport

Im Ergebnisreport werden dem Klienten die Ergebnisse des Analysetools möglichst prägnant, verständlich und übersichtlich dargelegt. Die Darstellung der Ergebnisse hat mehrere zentrale Ziele:

- Darstellung und Erläuterung der erhobenen Dimensionen und Ergebnisse
- Herstellen eines persönlichen Bezugs beim Klienten zum jeweiligen Themengebiet
- Anstoß zur Reflexion über die Ergebnisse und ausgehend davon über das gesamte Themengebiet,
- Erzeugen eines realistischen Selbstbildes bezüglich Stärken, Schwächen und Entwicklungsperspektiven beim Klienten
- Anstoß tatsächlicher Entwicklung durch erste Vorschläge für Verhaltensänderungen
- Interesse am Themengebiet wecken und Lust auf das Entwicklungsgespräch erzeugen

Die Abbildungen 7 und 8 zeigen beispielhaft wie komplexe Ergebnisse in einem Ergebnisreport durch eine Kombination aus Texten, Scores und Diagrammen übersichtlich dargestellt werden können.

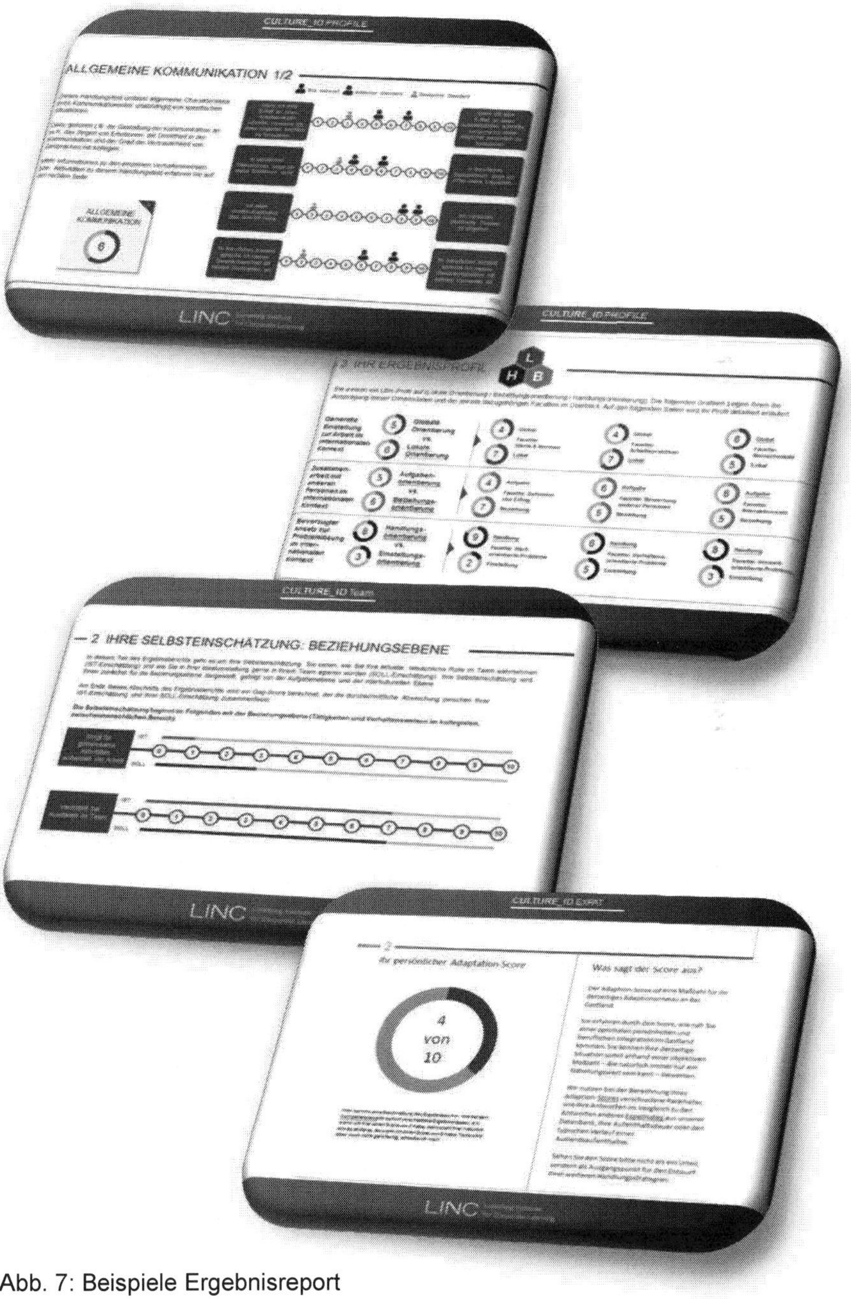

Abb. 7: Beispiele Ergebnisreport
Culture_ID

Abb. 8: Beispiele Ergebnisrep
PERSONALITY PROFILER

Kapitel 6

Das Entwicklungsgespräch im TpL

Neben den Analysetools und dem Ergebnisreport ist das Entwicklungsgespräch durch einen geschulten Trainer bzw. Coach einer der wichtigsten Bausteine von TpL. Daher stellen wir Ihnen im Folgenden den Ablauf und die Elemente eines solchen Gesprächs detailliert vor und präsentieren Ihnen zusätzlich einen beispielhaften Gesprächsverlauf.

Entwicklungsgespräche in Einzelinterventionen

Das Entwicklungsgespräch findet statt, nachdem der Klient das Tool bearbeitet und den Ergebnisreport bekommen hat. Der Klient sollte genügend Zeit gehabt haben, den Report zu lesen. Daher erfolgt das Gespräch i.d.R. einige Tage nach Zustellung des Reports.

Ziel des Entwicklungsgesprächs ist es, dem Klienten alle Ergebnisse zu erläutern (Was sagt dieses Ergebnis aus?), den persönlichen Bezug zu den Ergebnissen herzustellen (Was bedeutet dieses Ergebnis für den Klienten persönlich?), einen Reflexionsprozess anzuregen (Was sagen Ihnen die Ergebnisse? Wie können Sie sie nutzen? Welchen Bezug zu Ihren derzeitigen/zukünftigen Aufgaben können Sie herstellen?) und natürlich eine Weiterentwicklung in Gang zu setzen (In welchen Bereichen möchten Sie sich entwickeln? In welche Richtung, wohin genau? Wo sind die zentralen Ansatzpunkte für eine Weiterentwicklung? Welche konkreten Maßnahmen möchten Sie umsetzen?).

Beispielhafter Gesprächsleitfaden

Eine sinnvolle Gliederung des Entwicklungsgesprächs sollte folgende Eckpunkte umfassen:

1. Einstieg in das Gespräch (freundliche und offene Gesprächsatmosphäre herstellen / Klienten abholen, Bereitschaft/Motivation für das Gespräch prüfen)

Beispielfragen:

- Fiel Ihnen die Bearbeitung des Tools leicht oder eher schwer?
- Was ist Ihnen bei der Bearbeitung aufgefallen?
- Haben Sie in der Vergangenheit bereits ähnliche Tools bearbeitet?
- Wenn ja, wie waren Ihre Erfahrungen?
- Fühlen Sie sich bereit für das Gespräch?
- Haben Sie Lust tiefer in die Ergebnisse einzusteigen / noch mehr darüber zu erfahren?
- Haben Sie noch allgemeine Fragen, bevor wir einsteigen?

2. Den Aufbau des Gesprächs sowie die Nutzenelemente darstellen und mit Erwartungen/Zielen des Klienten für das Gespräch abgleichen (Ziele, Trainer, Wünsche und Erwartungen des Klienten)

Beispielfragen:

- Ich würde gerne über folgende Themen mit Ihnen sprechen.
- Zunächst erläutere ich Ihnen die wichtigsten Elemente des Tools ...
- Dieses Gespräch soll u.a. dazu dienen, dass Sie ...
    - Die Kernelemente des Tools noch besser verstehen
    - Einen persönlichen Bezug der Ergebnisse zu Ihren beruflichen Herausforderungen herstellen können
    - Die Ergebnisse für weiterführende Reflexionen/Entwicklungen nutzen können, falls Sie dies möchten.
- Decken sich diese Punkte mit Ihren Zielen und Erwartungen an das Gespräch oder haben Sie weitere Wünsche?

3. Erläuterung des Tools

Beispielfragen:

- Ich möchte Ihnen jetzt gerne den Ansatzpunkt des Tools erläutern
  - Angestrebte Nutzenelemente des Tools für den jeweiligen Klienten
  - Qualität der Daten/Skalen/Modelle (Akzeptanz stärken!)
  - Grenzen des Tools (Keine Diagnostik, Einzelfallvorhersage, Komplexität der Persönlichkeit)
  - Zentrale Elemente des Ergebnisreports (Scores, erfasste Dimensionen, Diagramme)
  - Haben Sie zum Ansatz des Tools und den Kernelementen noch Fragen?

4. Diskussion der Ergebnisse und Informationen im Report (Passung/Persönlichen Bezug herstellen, Beispiele erfragen)

Beispielfragen:

Passung:

- Wie gut finden Sie sich in den Ergebnissen wieder?
- Welche Ergebnisse haben Sie überrascht?

- Gab es auch Ergebnisse, mit denen Sie nichts anfangen konnten oder die Sie völlig anders einschätzen würden, nachdem ich Ihnen die Dimensionen erklärt habe?

Reflexion einzelner Ergebnisse:

- Dieser Wert ist recht extrem ausgefallen, deckt sich das mit Ihrer Wahrnehmung?
- Was denken Sie zu diesem Ergebnis?
- Würden Sie hier gerne eine Veränderung erreichen?

Persönlicher Bezug:

- Wann haben Sie die beschriebenen Persönlichkeitsmerkmale und Verhaltensweisen in der Vergangenheit an sich beobachtet? In welchen Situationen?
- Können Sie mir persönliche Beispiele für diese Dimension/dieses Verhalten nennen?

Reflexion/Veränderung:

- Was nehmen Sie aus den Ergebnissen für Ihre Arbeit mit?

- In welcher Hinsicht helfen Ihnen die Hinweise und Ergebnisse für Ihre Herausforderungen?
- Wie möchten Sie die Ergebnisse in Zukunft nutzen?
- In welchen Bereichen der Ergebnisse möchten Sie sich weiterentwickeln?
- Was sind Ihre konkreten Entwicklungsziele?
- Wo sehen Sie zentrale Ansatzpunkte für eine Weiterentwicklung?
- Welche konkreten Maßnahmen fallen Ihnen ein, um diese gewünschten Entwicklungen anzustoßen?
- Welche dieser Maßnahmen möchten Sie tatsächlich umsetzen?
- Wie können Sie bei der Umsetzung genau vorgehen?

5. Gesprächsabschluss und Rückmeldung durch den Klienten zum Gesamtprozess

Beispielfragen:

- Welche Fragen/Erkenntnisse haben sich aus dem Report für Sie ergeben, die wir noch besprechen sollten?
- Hat Ihnen unser Gespräch weitergeholfen?
- Wie beurteilen Sie den Erkenntnisgewinn durch das Tool und unser Gespräch insgesamt?

- Wurden Ihre Erwartungen an das Gespräch (und den Gesamtprozess) erfüllt?
- Interessieren Sie sich für weitere Informationen zu diesem Thema?

Auswahlgespräch

Eine Sonderform des Entwicklungsgesprächs sind Gespräche im Rahmen von Auswahlprozessen. Hier füllt der Klient das Tool aus, der Recruiter sondiert die Ergebnisse und entscheidet selbst, ob und welche Inhalte er zurückmeldet (eine Rückmeldung der Ergebnisse ermöglicht deren Verifizierung). In jedem Fall eignen sich die Ergebnisse als Ausgangspunkt individueller Fragen im Auswahlinterview.

Entwicklungsgespräche in Teaminterventionen

1. Hinweise zum Ablauf eines Trainings mit den Analysetools

- Die Links zu den Tools sollten den Teilnehmern vor dem Training zugeschickt werden (mit ca. 3-7 Tagen Vorlauf).
- Zu den Tools sollten im Vorlauf nicht zu viele Informationen gegeben werden, außer, dass die Bearbeitung integraler Bestandteil des Trainings und daher zwingend notwendig für dessen Erfolg ist.
- Der Trainer erinnert 2-3 Tage vor dem Training alle noch ausstehenden Teilnehmer an die Bearbeitung der Tools.
- Vor dem Training druckt der Trainer die Reports der Teilnehmer aus, heftet sie in eine Mappe und bringt sie mit zum Training.
- Im Training werden die Tools an der thematisch passenden Stelle vorgestellt und besprochen (in der Regel wird zunächst der theoretische Hintergrund eines Themas erläutert, dann das Tool und dessen Dimensionen vorgestellt und dann die individuellen Ergebnisse besprochen).

2. Nutzen des Tools erläutern

Erläutern Sie der Trainingsgruppe den Sinn und Zweck des Tooleinsatzes, dessen Nutzen für jeden Einzelnen, aber auch die Grenzen des Tools (z.B. keine vollständige und unfehlbare Analyse jeder Persönlichkeitsfacette). So erzeugen Sie realistische Erwartungen an den Tooleinsatz und beugen falschen Vorstellungen vor.

3. Einsatz des Tools

Bei größeren Gruppen bieten sich unterschiedliche didaktische Methoden für die Arbeit mit den Tools an:

- Die Ergebnisse eines freiwilligen Teilnehmers werden beispielhaft im Detail besprochen,
- Nach einer kurzen Demo werden Gruppen gebildet und die Ergebnisse besprochen (bei Gruppen mit Coaching-Erfahrung, PE-Fachleuten usw.),
- Die Ergebnisse werden in Cluster eingeteilt (hohe Ausprägung in X/niedrige Ausprägung in Y), dann werden für die Cluster Tipps und Hinweise gegeben,
- Das Tool wird anhand eines fiktiven Ergebnis-reports Schritt für Schritt in der Gesamtgruppe bearbeitet. Dabei wird jedes Ergebnis erläutert und die Teilnehmer können jederzeit Verständnisfragen stellen,
- Es wird ein thematischer Bezug hergestellt, indem der Trainer die Ergebnisse beispielhaft auf ausgewählte Themenfelder anwendet (z.B. Führung, Vertrieb usw.).

Bewährt hat sich die Methode, nach der Erläuterung der Gesamtergebnisse auf eine der oben beschriebenen Arten Kleingruppen zu bilden, die sich zu den persönlichen Ergebnissen oder der Anwendbarkeit auf spezifische Themenfelder austauschen, während einzelne Teilnehmer die Möglichkeit haben, nacheinander ein kurzes, persönliches Feedbackgespräch mit dem Trainer zu ihren individuellen Ergebnissen zu führen. Entscheidend ist hier ein gutes Zeitmanagement des Trainers.

4. Evaluation/Einordnung

Nach dem Einsatz des Tools sollte der Trainer die Gedanken der Teilnehmer zum Tool und dessen Nutzen mit einer gängigen Evaluationsmethode evaluieren, um den Einsatz im Training kontinuierlich zu optimieren.

Mögliche Übungen in Entwicklungsgesprächen

Persönlichkeitsbezogene Übungen

Ziele der Übungen: Reflexion der eigenen Persönlichkeit, Auseinandersetzung mit anderen Stilen/Sichtweisen, Weiterentwicklung der eigenen Persönlichkeit

Zur besseren Orientierung finden Sie Vorschläge für die Phase des Entwicklungsgesprächs, in der die Übung typischerweise eingesetzt wird.

Übung 1: Das Profil zum Leben erwecken

Vorgegebene Situationen besprechen. Wie verhält man sich mit dieser Persönlichkeitsfacette in der Situation XY? Situationen suchen/benennen, in denen die eigenen Persönlichkeitsstile sichtbar wurden, Situation beschreiben, Stärken und Schwächen des eigenen Stils analysieren, Lessons Learned ableiten.

Phase: Persönlichen Bezug zu den Ergebnissen herstellen

Übung 2: Mein Gegenstück

Den eigenen Gegenpol genauer betrachten (alle Gegenpole in einem Profil). Beispiele für die anderen Stile aus der eigenen Erfahrung finden. Die Person fiktiv und aus der Erfahrung beschreiben (Stichworte, Satzanfänge, Fragen zu der Person auf ein Arbeitsblatt). Was stört mich an dieser Person? Was kann ich von den anderen Stilen lernen?

Phase: Mit den Ergebnissen arbeiten

Übung 3: Rollenspiel

Der Trainer/Coach verdeutlicht die unterschiedlichen Stile in einem Rollenspiel mit einem Teilnehmer. Es gibt eine Instruktion für eine konkrete Situation. Der Stil in der Instruktion entspricht der tatsächlichen Persönlichkeitsfacette des Teilnehmers. Dieser spielt das Verhalten leicht übersteigert, damit es deutlich wird.

Das Ganze ist auch als Partnerübung möglich (z.B. nach der Demonstration oder auch ohne Demonstration). Ein Partner ist Rollenspieler, ein Partner spielt sich selbst, hält sich aber an die

Instruktion. Mögliche Situationen: Meeting, Mitarbeitergespräch, Mitarbeiter berichtet von Krise, Vertriebsplanung.

Übung 4: Puzzle (Ziel: Die Stile verinnerlichen)

Es werden Situationen genannt und es gibt Stile und Reaktionen. Jetzt müssen die Reaktionen den jeweiligen Stilen für jede Situation zugeordnet werden.

Phase: Erläuterung der Dimensionen und Facetten

Übung 5: Gossip

Berühmte Personen bezüglich ihrer wahrscheinlichen Persönlichkeitsdimensionen einschätzen. Der Trainer gibt die Personen vor, es wird im Plenum oder in Gruppen diskutiert und jeweils Profile erstellt.

Phase: Erläuterung der Dimensionen und Facetten

Übung 6: Fremdbild

Wenn die Personen sich kennen oder schon vor dem Testen miteinander interagiert haben: Dreiergruppen oder Paare bilden. Einschätzen des Anderen bezüglich der Dimensionen und begründen (konkrete Beobachtungen).

Phase: Reflexion der Ergebnisse

Kompetenzbezogene Übungen

Ziele der Übungen: Reflexion der eigenen Persönlichkeit, Auseinandersetzung mit anderen Stilen/Sichtweisen, Weiterentwicklung der eigenen Persönlichkeit

Übung 1: Biografische Analyse

Intensive zwischenmenschliche Situationen aus der eigenen Erfahrung beschreiben. Zwei Kategorien: Positive Erfahrungen vs. Negative Erfahrungen. Zunächst möglichst genaue Beschreibung (schriftlich festhalten). Dann Analyse: Welche Kompetenzbereiche waren betroffen? Welche Kompetenzen haben gefehlt? Was wären alternative Vorgehensweisen gewesen? Welche Kompetenzen hätten da gewirkt? Welche Schlüsse ziehe ich aus meinen Erfahrungen in der Vergangenheit?

Übung 2: Fallstudien

Vorgegebene Fallstudien werden gemeinsam mit dem Trainer (oder zunächst in Gruppen) analysiert. Fragen: Warum ist das Problem hier aufgetreten? Welche Kompetenzbereiche haben hier gefehlt? Welche Kompetenzen waren vielleicht da? Vorgeschlagenes Alternativverhalten?

Übung 3: Rollenspiel

Eine knifflige soziale Situation wird vorgegeben. Der Trainer übernimmt den Part des Rollenspielers. Der Teilnehmer verhält sich natürlich und versucht eine bestmögliche Lösung zu erzielen. Nach der Übung wird gemeinsam analysiert. Fragen: Welche Kompetenzbereiche wurden gezeigt? Wie zufriedenstellend ist die Lösung? Was wären Alternativlösungen gewesen? Welche Kompetenzbereiche wären bei diesen Alternativlösungen zum Tragen gekommen?

Übung 4: Videoanalyse (eher bei Gruppen und in Trainings)

Statt eines selbst durchgeführten Rollenspiels werden zuvor ausgesuchte Videosequenzen in der Gruppe analysiert. Die Fragen sind identisch zu Übung 3.

Kapitel 7

Der Trainer/Coach: Ein Stufenmodell

Über welche Qualifikationen und Kompetenzen muss ein Trainer/Coach verfügen, um ein Entwicklungsgespräch im Rahmen des TpL kompetent zu leiten? Diese Frage ist pauschal nicht einfach zu beantworten, da Anlässe, behandelte Themen, Zielstellungen und Klienten sehr unterschiedlich sein können. Einige grundsätzliche An-forderungen an einen Trainer/Coach im TpL lassen sich aber auch unabhängig von vorgenannten Variablen definieren:

- Der Trainer/Coach muss über fundierte Kenntnisse bezüglich der eingesetzten Analysetools verfügen
- Er oder Sie muss sich mit den Grundlagen von TpL und den methodischen sowie theoretischen Grundlagen, wie sie in diesem Buch beschrieben sind, auskennen
- Er oder Sie muss über Grundkompetenzen im Bereich Gesprächsführung, Training und Coaching verfügen
- Auch themenspezifische Kenntnisse zu den Zielen des jeweiligen Entwicklungsgesprächs sind von Vorteil, aufgrund der Ausrichtung des Gesprächs am

individuellen Klienten aber nicht zwingend notwendig, wenn die vorgenannten genannten Punkte erfüllt sind (geringer Anteil von ‚Ratschlägen' durch den Coach im TpL, ähnlich wie im Coaching)

Auch wenn alle genannten Punkte erfüllt sind und die Eintrittshürden im Rahmen von TpL aufgrund der erhobenen Daten vom Klienten als Basis des Gesprächs grundsätzlich niedriger sind als z.B. im klassischen Coaching, stellen die Entwicklungsgespräche noch immer hohe Ansprüche an den Trainer/Coach. Wir haben daher für Sie zur Orientierung einen ‚Fahrplan' in Form eines Stufenmodells entworfen, mit dem Sie sich vom Einsteiger Schritt für Schritt zum TpL-Profianwender entwickeln können.

Auch hier gilt, wie bei allen anderen anspruchsvollen Tätigkeiten: Es ist noch kein Meister vom Himmel gefallen! Wir sind sicher, dass auch Sie in der Lage sind, Entwicklungsgespräche mit Klienten zu führen, die für diese einen echten Mehrwert bedeuten und sie in ihrer Entwicklung unterstützen. Alles was Sie dazu brauchen, ist Ihre Motivation, Andere in ihrer Entwicklung zu unterstützen, eine Zertifizierung zum Einsatz leistungsfähiger Analysetools und einige Erfahrung bei der Durchführung der Entwicklungsgespräche.

Das Stufenmodell stellt einen beispielhaften Entwicklungsverlauf eines TpL-Coaches vom Anwender zum Profi dar, an dem Sie sich für Ihre Planung orientieren können. Bei Fragen dazu stehen wir Ihnen gerne zur Verfügung.[11]

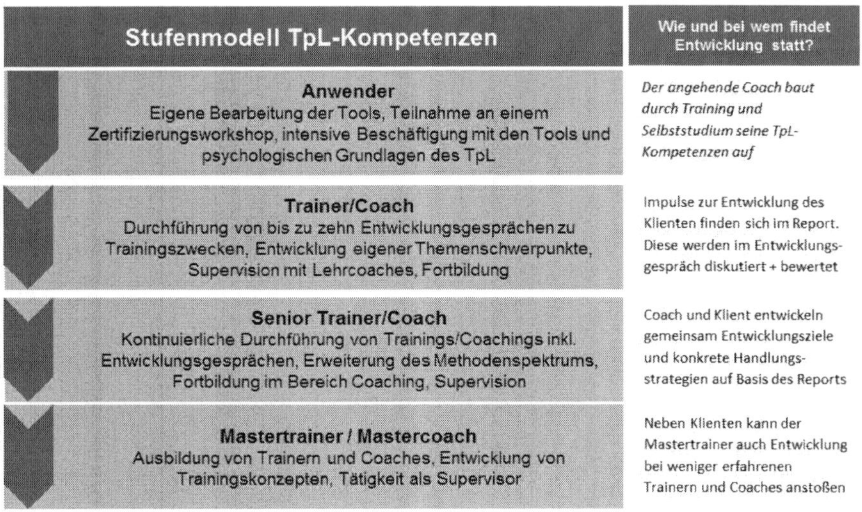

Abb. 8: Stufenmodell TpL

[11] Einfach eine Mail an: info@linc-institute.de mit Ihrer Frage schicken

Teil 3 – Anwendungskompetenz aufbauen

Kapitel 8

Beispielhafter Gesprächsverlauf eines Entwicklungsgesprächs im Detail

Um Ihnen eine bessere Vorstellung der vielfach beschriebenen Entwicklungsgespräche zu geben und den Einstieg für angehende TpL-Trainer/Coaches so einfach wie möglich zu gestalten, finden Sie im Folgenden ein beispielhaftes Entwicklungsgespräch (in gekürzter Form).

Hintergrundinformationen: Es handelt sich um das Entwicklungsgespräch zum Tool CULTURE_ID Profile. Der Klient ist Herr Müller, 32 Jahre alt und Ingenieur. Herr Müller wird in Kürze für mehrere Jahre als stellvertretender Produktionsleiter in ein Werk seines Unternehmens nach China entsandt.

Ablauf des Gesprächs:

Coach (C): Guten Tag Herr Müller, schön Sie zu sehen!

Klient (K): Guten Tag, vielen Dank, ich freue mich auch dass das geklappt hat.

C: Brauchen Sie noch irgendetwas bevor wir beginnen?

K: Nein, ich bin schon gespannt auf das Gespräch.

C: Das freut mich. Wir hatten uns ja zu Ihrer Situation bezüglich des anstehenden Auslandsaufenthaltes schon telefonisch ausgetauscht. Wenn ich mich richtig erinnere, möchten Sie sich neben dem interkulturellen Training, das Sie bereits absolviert haben, auch noch persönlich auf den Aufenthalt in China und die Führung Ihres Teams vor Ort vorbereiten. Ist das richtig?

K: Ja genau, ich habe zwar viel zur chinesischen Kultur erfahren, aber kann mir noch nicht so richtig vorstellen, was das für mich bedeutet. Ich war bisher nur zum Urlaub machen im Ausland, habe aber noch nie im Ausland gearbeitet.

C: Ok. Sie haben ja online das Tool bearbeitet, zu dem ich Ihnen einen Link geschickt hatte und dann vor einigen Tagen den Ergebnisreport erhalten. Haben Sie sich den Report angeschaut?

K: Ja natürlich, das war schon sehr interessant.

C: Schön, haben Sie denn schon mal ein ähnliches Tool bearbeitet?

K: Nein noch nie.

C: Dann erkläre ich Ihnen das Tool natürlich gerne etwas detaillierter. Haben Sie vielleicht noch allgemeine Fragen, bevor wir loslegen?

K: Nein, eigentlich nicht.

C: Ok, wenn Sie Lust haben, legen wir dann los. Ich würde Ihnen dann zunächst kurz einen Abriss zu möglichen Themen und Zielstellungen für unser Gespräch geben und dies mit Ihren

Erwartungen abgleichen, bevor wir in die einzelnen Themen einsteigen.

K: Ja sehr gerne.

C: In diesem Gespräch möchte ich Ihnen gerne die wichtigsten Elemente des Ergebnisberichts inklusive der erfassten Dimensionen erläutern, gemeinsam mit Ihnen schauen, wie sehr Sie sich mit Ihren persönlichen Ergebnissen identifizieren und mit Ihnen überlegen, wie Sie die Ergebnisse für die Bewältigung Ihrer beruflichen Herausforderungen im Ausland nutzen können. Deckt sich das mit Ihren Vorstellungen zu unserem Gespräch oder haben Sie noch ergänzende Wünsche?

K: Nein das klingt gut, können wir gerne so machen.

C: Wunderbar. Dann lassen Sie uns doch einmal gemeinsam in Ihren Ergebnisreport schauen. Zu Beginn möchte ich Ihnen gerne den Aufbau des Reports mit den zentralen erfassten Dimensionen und die Ergebnisarten erläutern, damit Sie auch bestmöglich verstehen, was genau im Report erfasst und ausgewertet wurde bzw. was die Ergebnisse denn im Kern aussagen.

K: Ja das ist gut, ich muss zugeben, dass ich an einigen Stellen wohl nicht alles vollständig verstanden habe.

C: Kein Problem, genau dafür bin ich ja da.

Der Coach erläutert dann die zentralen Elemente des Reports (erfasste Dimensionen, Scores, Diagramme, Handlungsempfehlungen) sowie (kurz) die hinter den Dimensionen liegenden Modelle und Theorien bzw. Qualitätsmerkmale des Tools (bei kritischen Klienten), die Möglichkeiten, aber auch die Grenzen des Tools.

C: Haben Sie noch Fragen zu den einzelnen Elementen des Reports bzw. des gesamten Tools oder konnte ich die bei Ihnen bestehenden Unklarheiten beseitigen?

K: Keine Fragen mehr, ich denke ich habe jetzt alles verstanden.

C: Gut, dann lassen Sie uns doch einmal gemeinsam durch Ihre Ergebnisse gehen und schauen, was wir daraus für Ihren Aufenthalt in China ableiten können.
Der erste Block im Report befasst sich ja mit Ihrer interkulturellen Grundorientierung. Sie haben hier als Gesamtergebnis ein GHA-Profil. Wie gut finden Sie sich in diesem Profil wieder?

K: Ja, ich denke das passt schon. Jetzt auch mit Ihrer Erläuterung eben muss ich schon sagen, dass ich wohl diese Bereiche tatsächlich eher präferiere.

C: Wir können versuchen die einzelnen Dimensionen noch etwas besser zu verinnerlichen, indem Sie mir ein paar Beispiele für Situationen aus der Vergangenheit nennen, in denen Sie das im Report beschriebene, typische Verhalten der GHA-Dimensionen gezeigt haben. Fällt Ihnen da etwas ein?

K: Ja ich denke da fällt mir etwas ein …

Der Klient berichtet jetzt von Situationen aus der Vergangenheit. Der Coach schlägt vor, Stichworte dazu auf Karten zu schreiben, damit die Situationen nicht verloren gehen.

C: Vielen Dank für diese vielen interessanten Beispiele! Wenn wir jetzt noch einmal auf die einzelnen Unterfacetten schauen, gab es da Ergebnisse, die Sie überrascht haben?

K: Also was mich schon überrascht hat ist, dass ich besonders bei der Bewertung anderer Personen anscheinend doch sehr aufgabenorientiert bin. Das hätte ich so nicht unbedingt vermutet.

C: Ja der Wert in dieser Facette ist recht hoch ausgefallen. Was denken Sie jetzt darüber, nachdem Sie mehr über die Hintergründe der erfassten Dimension erfahren haben?

K: Also ich denke, es stimmt wohl, das bin schon ich. Aber bei allem, was ich bisher über China erfahren habe, die starke Netzwerkorientierung und das Harmoniestreben, sollte ich sicherlich versuchen etwas beziehungsorientierter zu werden.

C: Das wäre meine nächste Frage gewesen, wie Sie mit den Ergebnissen umgehen möchten, also wo Sie Ansatzpunkte für Veränderungen sehen. Im Ergebnisreport sind ja einige Tipps und Handlungshinweise enthalten. Welche davon haben Sie denn besonders angesprochen?

Coach und Klient gehen jetzt die einzelnen Handlungshinweise im Report durch und überlegen gemeinsam, welche davon der Klient umsetzen möchte. Auch diese werden auf Karten geschrieben.

C: Nachdem wir jetzt konkrete Handlungsstrategien für diesen Bereich entworfen haben, können wir uns dem nächsten Block im Report widmen, wenn Sie möchten.

K: Ja gerne.

C: Hier wurden ja die verschiedenen Bereiche Ihrer interkulturellen Kompetenz erfasst. Ihr Gesamtergebnis ist 10 von 20 Punkten. Wie wirken die Ergebnisse dieses Blocks auf Sie? Finden Sie sich wieder?

K: Ja schon, ist natürlich erstmal nicht so super, wenn man merkt, dass da noch ordentlich Luft nach oben ist, aber ich denke ich habe auch einfach noch nicht so viel Erfahrung und kann mich hier auf jeden Fall noch weiterentwickeln.

C: Auffällig ist ja vor allem das geringe Ergebnis in der Facette Stressresistenz.

K: Ja, das stimmt schon. Ich bin recht schnell gestresst. Daher möchte ich mich ja optimal auf den Auslandsaufenthalt vorbereiten, weil ich ja weiß, dass das Leben in China für mich eine Herausforderung sein wird.

C. Auch hier können wir wieder versuchen, noch tiefer in die Dimensionen einzutauchen, indem Sie mir Beispiele für problematisch verlaufene Interaktionen mit ausländischen Kollegen aus der Vergangenheit berichten. Fällt Ihnen da etwas ein?

K: Hmm, schwierig ... ich habe ja noch nicht so viele Erfahrungen mit ausländischen Kollegen.

C: Vielleicht fallen Ihnen Situationen ein, die Sie bei deutschen Kollegen oder Bekannten beobachtet haben?

K: Ja, das schon. Mein Kollege Peter hat sehr viel beruflich mit unseren chinesischen Kollegen zu tun und das läuft oft nicht so richtig gut. Er musste auch einmal mehrere Monate nach China und war davon unglaublich gestresst.

Der Klient berichtet jetzt von konkreten Beispielen für ein hohes Stressniveau beim Kollegen und kommt dann auch auf einige eigene Beispiele. Zwar nicht aus dem internationalen Bereich, aber ihm gelingt der Transfer von nationalen Situationen hin zur Auslandsentsendung.

K: Ja ich steigere mich einfach zu sehr in etwas hinein, wenn ich das Gefühl habe, nicht mehr Herr der Lage zu sein. Das sollte ich in den Griff bekommen. Und bei Peter war es ja so ähnlich.

C: Im Report finden sich zu Ihren Ergebnissen ja einige Handlungsempfehlungen. Welche davon erscheinen Ihnen geeignet, Ihre Stressresistenz zu erhöhen?

Wieder gehen Coach und Klient die Handlungs-empfehlungen im Report durch und identifizieren gemeinsam die für den Klienten hilfreichen Punkte. Diese werden abermals schriftlich festgehalten.

C: So, wenn Sie zu diesem Block keine weiteren Fragen haben, können wir uns den letzten Teil des Reports im Detail anschauen. Den Country Check.

K: Ja, auf jeden Fall.

C: Ok, verschaffen wir uns zunächst einmal einen Überblick und schauen uns die 10 Handlungsfelder in der Übersicht an. Ihr Matching Score insgesamt ist ja mit 4 von 10 Punkten recht gering ausgeprägt. In den einzelnen Handlungsfeldern gibt es hier aber große Unterschiede. Wollen wir bei unserer Durchsicht mit den Feldern beginnen, die einen besonders niedrigen Matching Score zeigen?

K: Ja, ich denke das ist sinnvoll.

C: Dann machen wir es so. Gibt es denn Bereiche, die für Sie völlig irrelevant sind, da Sie diese Tätigkeitsfelder überhaupt nicht ausführen werden?

K: Ja, Verhandlungen können wir eigentlich weglassen. Das werde ich in China höchstwahrscheinlich nicht machen.

C: Gut, dann lassen wir diesen Bereich aus. Den niedrigsten Matching Score haben Sie ja im Bereich Führung. Schauen wir uns dazu dann einmal zusammen die einzelnen Tätigkeiten an und überlegen, wie Sie in China mit den Unterschieden umgehen möchten.

Coach und Klient gehen jedes einzelne Element im Bereich Führung durch. Der Coach fragt den Klienten jeweils, wie er mit dem angezeigten Unterschied (Gap) umgehen möchte. Wenn der Klient sein Verhalten anpassen möchte, wird dies schriftlich festgehalten.

C: So, wir haben jetzt alle Elemente des Bereichs Führung besprochen. Wollen wir uns dann den Bereich Planung genauer anschauen? Auch hier haben Sie ja einen sehr niedrigen Matching Score mit den Chinesen.

K: Ja, das können wir gerne machen.

Coach und Klient gehen nach diesem Schema alle Tätigkeitsbereiche durch, die der Klient besprechen möchte.

C: Wir haben jetzt alle Bereiche des Country Checks und damit des Reports besprochen. Gibt es noch etwas aus dem Report, wozu Sie Fragen haben oder das wir uns noch einmal anschauen sollten?

K: Nein, ich denke wir haben alles Wichtige besprochen.

C: Dann würde ich natürlich noch gerne von Ihnen erfahren, ob Sie das Gefühl haben, dass Ihnen unser Gespräch für die Vorbereitung auf Ihren Auslandsaufenthalt helfen wird.

K: Auf jeden Fall. Ich habe viele interessante Denkanstöße durch den Report und das Gespräch bekommen. Darüber werde ich noch länger nachdenken. Und ich werde natürlich versuchen die Handlungsstrategien umzusetzen, die ich für mich aus dem Report und unserem Gespräch mitnehme.

C: Das freut mich. Gibt es denn eine Erwartung an unser Gespräch, die sich nicht erfüllt hat?

K: Nein, ich denke das was wir erarbeitet haben hatte ich mir auch für das Gespräch erhofft.

C: Wunderbar, dann bleibt mir nur noch, Ihnen sehr viel Erfolg in China zu wünschen. Wenn im Nachgang noch Fragen aufkommen, melden Sie sich gerne.

K: Vielen Dank, das mache ich!

Abschluss und Ausblick

Wir hoffen, Sie konnten auf den zurückliegenden Seiten einige interessante Anregungen und vielleicht auch ein paar neue Erkenntnisse zu einem – wie wir finden – sehr spannenden Thema erlangen. Vielleicht haben wir Sie ja sogar für die Inhalte dieses Buches begeistern können und Sie fragen sich: Wie kann ich denn am besten in das TpL einsteigen?

Wie in Kapitel 7 im Stufenmodell ersichtlich, ist ein sinnvoller Ausgangspunkt eine Zertifizierung für die TpL Analysetools (Informationen hierzu finden Sie unter www.linc-institute.de). Darüber hinaus können wir Ihnen nur empfehlen, sich intensiv mit den Grundlagen zu Themen wie Gesprächsführung, Coaching, Trainingskonzeption und psychologischen Grundlagen (vielleicht sogar psychologische Diagnostik und Testkonstruktion) auseinanderzusetzen, um hier die nötige Sicherheit zu erlangen.

Wichtiger als jede Lektüre ist allerdings das tatsächliche Üben, also der Einsatz der Tools und die Durchführung eigener Entwicklungsgespräche mit realen Klienten. Diese können zunächst natürlich Freunde, Bekannte oder Kollegen sein, um einfach die Art der Gesprächsführung zu erlernen und Sicherheit darin zu erlangen. Schritt für Schritt wagen Sie sich dann an externe Klienten. Wir unterstützen Sie auf diesem Weg natürlich gerne mit Rat und Tat. Sprechen Sie uns gerne jederzeit an, wir freuen uns auf Sie!

Weiterführende Quellenangaben

Nachfolgend einige nützliche Quellen für interessierte Leser, die tiefer in die behandelte Materie einsteigen möchten.

American Psychological Association (APA) (1999), *Standards for Educational and Psychological Testing*, Washigton DC

Asendorpf, J. (2007), *Psychologie der Persönlichkeit*, Springer, Berlin

Franke, R. (2013), *Interkulturelles Coaching*, managerSeminare, Bonn

Kuhl, J. (2010), Lehrbuch der Persönlichkeitspsychologie, Hogrefe, Göttingen

Lipsey, M.W.; Wilson, D.B. (1993), *The Efficacy of Psychological, Educational and Behavioral Treatment*. In: American Psychologist 48, S. 1181-1209

McCrae, R.R.; Costa, P.T. (1987), *Validation of the Five-Factor Model of Personality across Instruments and Observers*. In: Journal of Personality and Social Psychology, 5, S. 81-90

Spearman, C. (1904), *The proof and measurement of association between two things*, In: American Journal of Psychology 15, 72–101

Thomas, A. (2003) *Handbuch Interkulturelle Kommunikation*, Vandenhoeck & Ruprecht, Göttingen

Register